賢い人は、「調べ方」で
差を付ける

ずごい検索

江尻俊章

CROSSMEDIA PUBLISHING

この本を読むと、例えばこんなことができるようになります。

- ☑ Google マップに訪問先のリストを登録して、最短ルートで回れる
- ☑ 「正しい英訳」だけではなく、ネイティブが使っている表現がわかる
- ☑ 複数のニュースメディアやブログ記事をまとめて確認できる
- ☑ 自社サイトを訪れる人がどんな検索ワードを使っているかがわかる
- ☑ 自社サイトにどんな企業や地域の人が訪れているかがわかる
- ☑ 競合のサイトをどんなユーザーが訪れているかがわかる
- ☑ SEOに左右されずに必要な情報を手に入れることができる
- ☑ サイト上で更新されるデータが自動的に反映される表を作れる
- ☑ 関数を入れるだけで株価が自動で更新される表を作れる
- ☑ ソーシャルメディアを自分専用の情報収集ツールに変えられる
- ☑ ChatGPTからGoogle Docsへ直接文章を書いてもらえる
- ☑ すでに削除された昔のサイトを見ることができる

こんな“ずるい検索”の方法が、本書にはぎっしりと詰まっています。紹介する各サイトやサービスのURLとQRコードも掲載しているので、すぐに活用できます。「便利そうだな」「面白そうだな」と思ったら、ぜひ読み進めてみてください。必ず、ビジネスの現場で役に立つ項目が見つかります。

……まえがき

あなたの仕事はあなたの集めた情報でできている

情報の集め方ひとつで、手に入る情報は大きく変わります。そして、現代ではあらゆる仕事において「情報」の質と量が仕事の価値を決めます。

顧客について調べるときも、新しいサービスを開発するときも、集客の方法を知りたいときも、私たちの仕事のすべては「情報」でできていると言っても過言ではないでしょう。

本書は、仕事に役立つ情報を調べる方法についてまとめた本です。

「検索」と聞いて最初にイメージするのは、Google検索でしょう。Googleでキーワードを入力すると、「多くのユーザーにとって有益であるだろう情報」、それに「信頼性が高いと思われる情報」を上位表示してくれます。

さらに「他の人はこちらも質問」として、関連した質問と回答がまとまったリストが表示されます。その言葉のWikipediaの定義や、関連するニュースが表示されることもあります。また、商品名を検索すれば画像と価格が表示されます。

ほかにも、航空機の便名を入力すれば、フライト時間やターミナルなどの情報を見ることができます。お店の名前を入力すればGoogle マップが表示されて位置がわかります。食材の名前を入力すればレシピもわかります。

情報にはすべて「意図」が込められている

このように、Googleはすごく優秀な検索エンジンです。しかし、それでは一般に知られていることしか得られません。より専門的な内容や限定された情報を得るためには限界があります。

また、インターネットを含め、すべての情報には意図が込められています。

- 商品を購入してほしい
- この情報を多くの人に拡散してほしい
- 特定の商品を、ほかの人が買わないようにしたい

その結果、時には誇張した情報や間違った情報が発信されているかもしれません。

こう考えると、通常の検索で調べることができるのは、「誰もが集めることのできる情報」で、さらにそのなかには「誇張や間違った情報が混ざっている」ということになります。

大事なのは、自分の欲しい情報を適切に集める方法を知ること。それに情報の発信者の意図を読み取ることです。

適切な情報収集方法を知る

例えばGoogleで「GDP」と検索すると、内閣府の説明が上位に表示されます。Googleらしい、安心できるサイトが上がっているわけです。

同じく「GDP」を「DuckDuckGo」（本文「ずるい検索05」参照）で検索すると、まず証券会社のサイトが紹介されています。Googleの論文検索機能である「Google Scholar」（「ずるい検索48」参照）で検索すると、GDPに関する論文が並びます。Twitterで検索すれば、1500年からの世界のGDPの推移をアニメーションで見ることができます。「Yahoo!知恵袋」ではGDPの計算についての質問と、わかりやすい回答が書かれています。「Quora」（「ずるい検索57」参照）で検索すると、1人当たりのGDPの計算方法に対するディスカッションが上がっています。

以上は執筆時の一例ですが、検索する方法やそのツールで得られる情報は変わります。また、生きた情報を知るため「人」に尋ねるスキルや、アンケート調査などを通して情報をつくり出す技術も欠かせません。さらに、その真偽を見極める力も必要です。

本書では、さまざまな情報収集の手法やツールを紹介しています。これらを活用して、自分だけの情報収集方法を考えてみてください。また、各項の間には、各界の識者に情報収集について聞いたインタビューを掲載しています。自分だけの価値を生むための情報との向き合い方について、きっと参考になるはずです。

書籍やGoogleの通常検索で調べられる情報だけをベースにした仕事では、もはやAI（人工知能）に任せた仕事の価値を超えられません。ユニークな情報を元にしなければ、その人に仕事をお願いする価値はないと言えます。

私は「誰」が「どんな商品」を欲しがっているかを知る「ウェブ解析」を20年以上専門としてきました。「何が売れるか？」はGoogleの通常検索ではわかりません。競合が知らない、顧客も思い付かない情報を手に入れなければ仕事にならない。そのノウハウはさまざまな人の役に立つと考えています。

パソコンやスマホの使い方ひとつで周囲に差を付ける。ぜひ、本書を最大限に役立ててください。

もくじ

第3章 「ソーシャルメディア」の力を最大限に活用する

第4章 「便利ツール」を駆使して効率を高める

第5章 「コンテンツ作り」で周囲に差を付ける

第6章 「ビジネスを加速させる情報」を調べる

第7章 「必要だけれど探しづらい情報」を調べる

第8章 「ウェブサイト分析」で自分が打つ手を知る

第9章 「人」から情報を集める

interview

本書の内容は、すべて2023年5月現在の情報を元にしています。紹介しているウェブサイトやソーシャルメディア、各種サイトなどの機能、料金、操作方法、URLなどはすべて執筆時点のものであり、変更される可能性もあります。
また、一部のツールやサービスについて、パソコン・スマートフォンの機種やバージョン、動作環境によっては、うまく機能しないこともあります。
加えて、本書では自社や他社のウェブサイトを分析する方法や、インターネットユーザーの行動を分析する方法を紹介しています。本書に基づいて起こったとされるいかなるトラブルに対しても、著者および出版社は責任を負いかねます。
いずれも、あらかじめご了承ください。

ブックデザイン　別府拓 (Q.design)
編集協力　早坂恭子
校正　加藤義廣（小柳商店）

本書で紹介する各種サービスについて、該当の URL と QR コードを掲載しています。一部英語のサイトがあり、下記のように表記しています。

・（英語）：英語のサイト、日本語に切り替え不可
・（英語・切替可）：英語のサイト、日本語への切り替え機能あり

日本語への切り替え機能のないサイトであっても、各ブラウザの翻訳機能などを活用すると使いやすいと思いますので、ぜひお試しください。

第1章

「知りたいこと」を調べられるようになる

ずるい検索 01

外国語を簡単に翻訳する

本書で紹介するツールには、英語のものも多数あります。また、世の中には日本語より英語のコンテンツのほうが圧倒的に多いと言えます。広く情報を集めるため、まずは英語を始めとした外国語の翻訳について見ていきます。

こんなときに役立つ！

- 海外のウェブサイトで情報を集めたいとき
- 海外旅行で言葉がわからないとき
- より自然な英語表現を知りたいとき

英語のコンテンツを活用しよう

調査サービスW3Techsによると、**世界中のウェブサイトのうち、英語のコンテンツは55.0%。日本語のコンテンツは3.7%で6位**です（2023年5月23日現在）。日本語に比べて、英語は約15倍のコンテンツがあるわけです。

人口比率を考えると日本も頑張っていますが、やはり英語圏のほうが情報量は圧倒的に多い。当然、高機能なものや低価格なもの、使いやすいものがたくさんあります。

そして、この20年で言語のハードルは大きく下がりました。翻訳系のサービスやソリューションは多岐にわたり、低価格（多くは無料）かつ高機能です。

この状況で日本語のコンテンツしか読まないのは、情報弱者だと言えるのではないでしょうか。英語に苦手意識のある人も多いと思いますが、英語のコンテンツを利用できるだけで、集めることのできる情報は格段に膨らみます。

「Google 翻訳」と「DeepL」

翻訳ツールの代表は、「Google 翻訳」です。Chromeのブラウザを使い、英語が書かれたページで右クリック、「日本語に翻訳」を選べば、ページ全体を簡単に翻訳してくれます。また、文章を入力して、英文から日本語、日本語から英語に翻訳するツールもあります。ブラウザだけではなくアプリ[※1]もあり、高機能で無料です。

PDFなどの翻訳をしたい場合は、Googleドライブにファイルを入れ、Google Docsで開いた後、ツールの翻訳機能で日本語を選択すれば、翻訳されたドキュメントが作成されます。レイアウトは崩れますが、理解の助けになるでしょう。

恐ろしいことに、**従来プロ向けに使われていたあらゆる翻訳ツールも、Google 翻訳のクオリティには勝てない**といわれています。

しかし最近、**Google 翻訳を凌ぐといわれるツールが現れました。「DeepL[※2]」**です。AIを活用した機械学習が備わっており、Google 翻訳よりクオリティが高いと評価する人も多数います。

DeepLにもブラウザ・アプリ版があり、基本的に無料で使えます。有料版にすると、文字数の制限がなくなり、作成できる用語集の数が増えます。また、PDFなどのファイルを丸ごと翻訳してくれます（プランによって翻訳できるファイル数が異なる）。お陰で私は海外の大学の授業で参考資料として送られてきた数学の論文も、さっと目を通すことができるようになりました。本当に助かります。

DeepLのさらに便利なところは、日本語から英語に翻訳したときに、翻訳する単語や順番を変えられるところです。例えば受動態にしたい、ここは違う単語を使いたいというようなことにも対応してくれます。

1:Google 翻訳アプリ
https://translate.google.com/intl/ja/about/

2:DeepL
https://www.deepl.com/ja/translator

‥‥‥ 流暢な翻訳はDeepL、確実な翻訳はGoogle翻訳

Google 翻訳とDeepLのどちらが優秀かというと、私は甲乙付け難いと感じています。ひと言で表すなら、「流暢な翻訳はDeepL、確実な翻訳はGoogle翻訳」だと思います。

まず、自然な言い回しはDeepLに軍配が上がることが多い印象です。しかしDeepLはAI学習の問題なのか、1つの文章を2回翻訳してしまったり、明らかな誤訳が起きたりします。

特に改行による影響は大きいです。例えばあるサイトの英文をコピペする際に、おかしな部分で改行コードが入ることがあります。これをDeepLでそのまま翻訳することで、意味がガラッと変わってしまうことがよくあります。対策として手っ取り早いのは、英文を一度ブラウザのアドレス入力欄にコピペして、それをさらにDeepLにコピペすると改行が消えます。Google 翻訳では、こうした問題は少ないように思います。

それから、Google 翻訳のほうが、文法のミスなどは見つけやすいと感じています。DeepLはよくも悪くも英語や日本語のミスに寛容で、おかしな文章でもそれっぽく訳してくれます。ある人がDeepLを使って英語版の契約書を作っていたら、「乙」の部分に過去に同じくDeepLで作った契約書の企業名が出てしまうことがあったそうです。大量に同じ社名を翻訳していたことで、AIがそのように学習してしまったのかもしれません。個人情報や機密情報の翻訳には気をつけましょう。

‥‥‥ 英語翻訳のクオリティを上げる

最近の翻訳ツールは、文法のミスやスペルミスを指摘してくれる機能が充実してきました。ただ、やはり細かいところまでは行き届きません。

英文のクオリティを上げるなら「Grammarly[※3]」というサービス（無料）

がお勧めです。このサービスを使うと、英文の間違った部分に赤い下線を引いて、正しい言い回しを教えてくれます（たまにおかしな指摘もありますが）。

ネイティブの表現を調べる

翻訳家の下岡聡子氏は、できるだけネイティブに近い表現にするよう、実際に使われている表現を検索して、参考にしているそうです。

例えば「毎日のコーディネートをマンネリにしない」と英語で投稿をしたいとします。

まずGoogle検索で「make a difference everyday style」と検索します。すると**類似表現を太字で表示**してくれます。

多少の英語力は必要になりますが、これらをヒントに別の文章を考えることができます。この例では、下記のような文章が考えられます。

- Making a difference everyday
- Elevate your everyday style in 3 steps
- How to look stylish every day

3:Grammarly
（英語）
https://www.grammarly.com/

・Make everyday outfits more interesting

表現の参考にするには、とても便利な機能です。

また、完全一致検索（単語の順番を含めて完全に一致する文章で検索する方法。検索したい文字を""で挟む）を活用する方法もあります。こちらは元Googleの金谷武明氏からお聞きしました。

例えば「I wonder if you help」という英文が自然な表現かを調べてみましょう。私の環境で通常検索すると、「947,000,000件」の結果が出てきました。しかし、"I wonder if you help"にすると、「651,000件」しかありません。この表現はそれほど使われていないことがわかります。

これを"I wonder if you could help"にすると「1,020,000件」に増えました。こちらのほうが一般的に使われていそうです。さらに"I wonder if you can help"にすると「7,180,000件」に増えました。

検索結果が多いということは、その表現がよく使われているということです。そのぶん、ネイティブにも伝わる可能性が高いと言えます。

……「書いてある文字」を翻訳する

海外旅行や出張で、お店の看板や標識に書かれている言葉がわからず困ることがあります。検索しようにも知らない文字は入力できません。

そんなときにも、**Google 翻訳アプリ**が便利です。**元の言語と翻訳する言語を指定すれば、カメラ上で翻訳してくれます**。海外で電車に乗るとき、お店で商品を買うとき、レストランのメニューを見るときなど、さまざまな場所で役に立ちます。手書きの文字でもある程度は対応できるようです。

さらに、アプリで翻訳した内容をテキスト化することもできます。もちろんコピーして保存したり、編集したりすることも可能です。

以前、中国人の友人がFacebookで中国語の書かれた画像の載った投稿をしていたのですが、私には読むことができませんでした。そこでその投稿をスクリーンショットで撮り、Google 翻訳を使って読むことができました。また、中国のメディアへ広告出稿しているある担当者は、中国語のインターフェースが読めないため、Google 翻訳アプリを使って管理画面へのログインや広告の管理などをしているそうです。

ただし、中国などの**一部の国ではGoogleへのアクセスを制限している**ことがあります。その場合はVPNサービスという、その国ではなく海外のアクセスポイントから接続できるサービスを利用する必要があります。

英語以外の言語への翻訳

ここまで、日本語と英語の翻訳について説明しましたが、Google翻訳やDeepLを使えば、英語以外の言語への翻訳も簡単にできます。

その場合、**日本語を一度英語に翻訳してから他言語に翻訳する**のがお勧めです。どの翻訳ツールも、ユーザーが多い言語に対する機能向上に注力しています。例えば英語から中国語への翻訳は精度が高いのですが、日本語から中国語への翻訳はまだまだ十分なクオリティにはなっていません。日本語→英語→中国語と翻訳することで自然な中国語になります。

余談ですが、Google 翻訳には「Google 翻訳改善協力」にフィードバックを送信できます。これは世界中の翻訳者の協力により、ボランティアでGoogle翻訳のクオリティを上げる活動です。言語力に自信のある方は、機能向上に協力してみてください。

ここがずるい！

- 外国語がわからなくても情報を集められる
- スマホひとつで外国語の意味がわかる
- より高レベルな英文を作れる

ずるい検索 02

効果的な言語の学び方を探す

外国語を学ぶためには、さまざまな教室や教材があります。無料のものから高額なものもあり、どこから手を付けていいか迷ってしまうこともあると思います。自分の目標に合わせたツールの選び方を紹介します。

こんなときに役立つ！

- 外国語のレベルを本気で上げたいとき
- 外国語勉強のハードルを下げたいとき
- 世界で通用する英語力を持ちたいとき

……「真剣に学びたい！」と思うなら

外国語を学ぶための方法はたくさんあります。そのなかでどれがいちばんいいのかということは言えませんが、**「初心者が手軽にストレスなく学べる」という教材にあまり効果は期待できません**。

もちろん、ストレスなく語学を学べるツールはあります。私もアプリを使って韓国語を学んでいますが、こうした勉強法は成長までにとても時間がかかります。それを理解して、片手間に学ぶのならいいでしょう。「真剣に学びたい！」と思うのであれば、下記のようなツールがお勧めです。

■語学プレーヤー※1

NHK語学講座には、専用のアプリ（ダウンロード無料、アプリ内課金あり）があります。NHK語学講座はテキスト購入を前提としていますが、ある

1: 語学プレーヤー
https://www.nhk-book.co.jp/pr/app/lang_player/

程度はこのアプリ単体でも学ぶことができます。ただ、演習問題の答えや解説は省略されているので、やはりテキストがあったほうがいいでしょう。デジタルの教材を買うことで、テキストを持ち歩かなくてもアプリだけで学べます。音声のスピード調整や数秒の巻き戻し機能などがあり、使い勝手にも優れています。

■ディクテーション教材

「English Central[※2]」（有料。無料プランあり）は、映画やスピーチなどを題材に、聞いた内容のディクテーション（音声を聞きながら文字で書き起こす勉強法）を学べます。また、その発音をAIが評価してくれます。オンライン英会話で講師と直接話すのは気が引ける人にはお勧めです。

TED Talkの内容をディクテーションできる、「TEDICT[※3]」（有料。無料の「TEDICT LITE」もあり）というアプリもあります。TEDは内容としても面白いですが、こちらは上級者向けで、少し難易度が高いかもしれません。

■リスニング教材

リスニングを強化するには「SHADOTEN[※4]」がお勧めです。英作文のほか、シャドーイング（英語のスピーチを真似ることでスピーキングとリスニングのスキルを上げるトレーニング）もできます。有料（無料体験あり）ですが、英語のプロの採点を受けることができてお得です。

シャドーイングを学ぶと、すぐにスピーチの上達を感じることができると思います。私の場合、3カ月くらいでリスニング能力の向上を感じることができました。ただ、SHADOTENは自分で課題を送るシステムなので、自己管理が必要です。レベルが合っていないと、なかなか継続は難しいでしょう。基礎的な英語能力がある人にお勧めです。

2:English Central
https://www.englishcentral.com/browse/videos

3:TEDICT
https://cocoswing.com/tedict/?lang=ja

4:SHADOTEN
https://www.shadoten.com/

■Podcast

私は教材で学ぶことが苦手で、Podcastの**「バイリンガルニュース※5」**(無料)というコンテンツをよく聞いていました。テレビや新聞で流れるニュースをPodcastで聞いても面白くありませんが、バイリンガルニュースは**ほかでは紹介されない論文や科学雑誌の記事**などを取り上げています。

英語でニュースが読まれた後に日本語訳があり、基本的に日本語でニュースについての解説があります(一部英語での解説の場合もあり)。ニュースの内容を文章で読むこともできます。

Podcastではほかにも、**英語上級者の方に「EO360°※6」**(無料)がお勧めです。EO(Entrepreneurs' Organization:起業家機構)の経営者が話す、リアリティのある物語を聞くことができます。英語は最高に難しいですが、ハードな話に思わず聞き入ってしまいます。

■オンライン英会話

オンライン英会話には教材、先生の質などさまざまな基準があります。私は**"なんでもできる"「DMM英会話※7」**(有料。無料体験あり)を受けています。

英語でのプレゼンがあるときには先生にプレゼンの内容を聞いてもらい、読みたい記事があったら一緒に読んでもらいます。日本人の先生もいるので(プレミアム契約が必要)、日本語で補足してもらいながら学ぶこともできます。

語学習得には「習慣化」が大事

語学を身に付けるために最も大事なのは習慣化です。言語を勉強するという行為は、最初はしんどいものです。いつになったら成長を感じるようになるか、果てしない山道を登るような感覚になります。しかし、最初は辛くても、ふと振り返ると自分が登ってきた道のりが見えるようになります。

習慣付けのため、まったくわからない言語の場合はゲームアプリで勉強して

5:バイリンガルニュース
https://bilingualnews.jp/podcastpage/

6:EO360°
(英語)
https://eopodcasts.org/

7:DMM 英会話
https://eikaiwa.dmm.com/

もいいでしょう。例えば**「Duolingo[※8]」（無料）というアプリは、簡単なところから毎日学習する癖を付けてくれます**。

もちろん、オフラインの学校に行くのもいい方法です。**勉強しなければいけない状況に、自分の身を置く**ことができます。

継続のために、自分に合った勉強法を考えてみましょう。

……実践的な基準を目標に

最後に、どうせ学ぶなら実践的な目標を目指すのがお勧めです。

日本ではTOEICを学ぶ人が多いですが、個人的にはお勧めしません。試験のための問題が多く、文法や英単語もあまり実践的ではありません。また、海外ではTOEICの点数が高くても、あまり評価はされないように感じます。

お勧めなのは、英検もしくはIELTSです。特にIELTSは英作文、リーディング、スピーキング、ヒアリングをすべて評価され、多くの大学院でそのスコアが出願の基準になっています。また、英作文がグラフに関する説明だったり、ヒアリングが仕事に関する面接だったりと、実務的です。

ここがずるい！

- 自分に合った方法でレベルアップできる
- 英語を勉強しながら知識が身に付く
- ゲーム感覚で英語を勉強できる

8:Duolingo
https://ja.duolingo.com/

ずるい検索 03

自分の訪問履歴を残さないようにする

私たちがウェブサイトを訪れると、自分が訪問したことがそのサイトに記録され、管理者に知られます。また、自分のブラウザにも、どのサイトを訪れたかが記録されています。気になるのであれば、対策を考えましょう。

こんなときに役立つ！

- サイトの管理者に訪問したことを知られたくないとき
- サイトのトラッキングを不安に感じるとき
- 共有のパソコンに閲覧履歴を残したくないとき

……どのサイトを訪問したか記録されている

多くのサイトには、「Google アナリティクス」というウェブ解析ツールが入っています。Google アナリティクスが入っているサイトを訪問すると、見ているページや滞在時間が記録（トラッキング）されます。自分がそのサイトを見ていることを、サイトの管理者に知られるわけです。

自分の訪問を知られたくない場合、**手軽な方法はChromeの「シークレットモード」やSafariの「プライベートモード」**を使うことです。これらのモードで閲覧すれば、個人の特定はされません。

ただし、これらではGoogle アナリティクスの記録自体は防げません。個人の特定はされなくても、ユーザーのIPアドレスやどのページを訪問したのかがわかります。IPアドレスからは、インターネットを使用している市町村や契約プロバイダがわかります。つまり、「誰が来たか」はわからなくても、「どこから来たか」はわかるわけです。

Google アナリティクスなどの解析ツールによるトラッキングを防ぐためには、**「Ghostery[※1]」**（無料）というサービスを使いましょう。そのサイトが**どのようなツールを使ってトラッキングしているかを知り、ブロックすることができます**。

……Cookieや履歴を定期的に削除しよう

ウェブサイトを訪れると、ウェブサイト側のトラッキングだけではなく、自分のブラウザにも閲覧履歴が残ります。共有のパソコンなどでは、どんなウェブサイトを見ているかを他人に知られたくないということもあるでしょう。前述した**Chromeの「シークレットモード」やSafariの「プライベートモード」**を使えば、履歴がパソコンやスマホに保存されることもありません。

また、通常モードで検索していても、**閲覧履歴やCookieは自分で削除することができます**。気になる場合は、定期的に削除しましょう。

ただし、履歴を残さないということは、以前見ていたサイトに戻ることができなくなるなど不便な面もあります。ケースに合わせて使い分けましょう。

ここがずるい！

- **サイトの管理者に自分が訪問していることがバレない**
- **競合のサイトに自分の訪問を知らせず分析できる**
- **「どんなサイトを見ていたか」がほかの人にバレない**

1:Ghostery
（英語）
https://www.ghostery.com/

ずるい検索 04

パーソナライズに左右されずに情報を集める

Googleなどの検索エンジンは、ユーザーの検索履歴や閲覧履歴を保存し、そのデータをもとに「ユーザーが必要としているであろう」結果を出力しています。便利な反面、自分が求める情報が得づらくなる部分もあります。

こんなときに役立つ！

- 自分の属性に関係なく検索上位のサイトを知りたいとき
- 自社に関する本当の検索順位を知りたいとき
- 自分の情報を検索エンジンに知られたくないとき

……同じ検索エンジンを使っても検索結果が異なる

自分の記録をもとに検索結果がパーソナライズされるということは、同じGoogleという検索エンジンを使っていても、ユーザーによって検索結果が異なることになります。

例えば、「株式会社江尻」というように、日本中に同じ会社名の企業がたくさんあるような場合（実際にこの名前の会社が存在するかはわかりませんが）、会社名を検索すると、ユーザーがいる場所の近くにある企業のサイトが上位表示されます。

これはユーザーのロケーション（位置）情報をもとにパーソナライズされているからです。もし、東京にいる人が北海道の「株式会社江尻」を知りたい場合は、かえって不便にもなるわけです。

あるいは、自社サイトの検索順位や自社商品の認知度を検証する場合、それらに関する言葉で検索をしても、客観的な情報を得ることができません。

パーソナライズを避ける方法

パーソナライズを避けるためにしておきたいのは、**Chromeの「シークレットモード」やSafariの「プライベートモード」**での検索です。これらを使用すると、検索結果は個人のアカウントと紐付けられず、**パーソナライズされていない結果を知ることができます**。ただ、位置情報など一部の情報は利用されるので、注意が必要です。

また、**「Googleアカウントを管理」の中の「データとプライバシー」**からも、検索履歴や位置情報など**Googleにどのような情報の収集を許可するかコントロールできます**。

Google はユーザーの人物像を推測している

Googleはアカウント登録時のユーザーの情報に加え、ログイン時の行動履歴からそのユーザーがどんな人物であるかを推測しています。Googleアカウントから「プライバシーの管理」を見ると、過去のオンラインアクティビティを簡単に思い出せるようにするため、トピック、日付、サービスごとに検索できるツールが用意されています。

Googleはこのような個人の行動履歴を通して、ユーザーがどんな人物であるかを推測しています。年齢、性別、言語、年収、健康状態、企業規模、持ち家か賃貸か、両親と住んでいるかなど。もちろん完璧に特定できるものではありませんが、さまざまに分析されています。これらも上記同様にオン、オフを選ぶことができます。

さらに安全な「プライベート Window」

それでも不安な人は、**「Brave[※1]」というブラウザの「プライベート**

1:Brave
https://brave.com/ja/

Window」という機能を使いましょう。閲覧履歴、フォームデータ、Cookie、サイトデータが保存されないようになっています。

さらにBraveの「プライベートWindow with Tor」という機能もあります。これはウェブサイトに直接接続せず、別のコンピューターを経由してウェブサイトを訪問する仕組みです。アメリカ海軍が開発した技術がベースになっており、IPアドレスを含めまったく探知できないようにすることも可能です。

ここがずるい！

- 自社のサービスや商品のリアルな露出度がわかる
- 世の中で本当に認知度の高い情報を知ることができる
- 自分の情報を他者に与えないようにできる

ずるい検索
05

SEOの影響を受けずに検索する

ネット検索で知りたい情報が見つかりづらい理由のひとつに、SEOがあります。よく聞く言葉ですが、イメージしづらい人も多いのではないでしょうか。ネットでの情報収集には欠かせない知識なので、覚えておきましょう。

こんなときに役立つ！

- 他社の認知度をリアルに知りたいとき
- 自社に関する本当の検索順位を知りたいとき
- 世の中であまり知られていない情報を集めたいとき

ユーザー個人にとって有益だと思われるサイトが上位表示される

「ずるい検索04」でお話ししたように、Googleは「ユーザーが必要としているであろう」結果を上位表示します。そこには一定のルールがあり、企業としてはそのルールに沿って上位表示させることができれば、プロモーションなどに役立ちます。そうした対策のことを、一般的に「SEO（検索エンジン最適化）」と言います。

ただし、**多くの企業や個人がSEOに取り組む結果、検索する人にとっては自分が意図していないサイトが上位表示されてしまう**ことがあります。例えば人材紹介や美容業など、ネットでの集客が重要な業界は特にSEOに力を入れているため、本当に欲しい情報が手に入りづらくなっています。

SEOの種類を覚える

ひと口にSEOと言っても、いろいろな種類があります。

■ネガティブSEO

特定のウェブサイトの表示順位を故意に下げさせます。競合の順位を下げることに使われることが多い手法です。

■逆SEO

自社にとって批判的なウェブサイトや、ネガティブな印象を与えるニュースなどの表示順位を下げるために行われます。より上位表示されるウェブサイトやコンテンツを作り、相対的にほかの記事の表示順位を下げさせます。

■サジェストSEO

検索ワードの入力中に表示される検索候補を、「サジェスト」と言います。サジェストは基本的によく検索されているキーワードが表示されるもので、企業にとってネガティブな事件や問題があると、そのワードが反映されることがあります。

こうした場合に作為的にサジェストを操作する手法のことを「サジェストSEO」と言います。多くの場合サジェストが虫眼鏡マークと一緒に表示されることから、「虫眼鏡SEO」とも呼ばれます。

SEOの影響を受けない検索エンジン

企業のSEOは、多くのユーザーが使用するGoogleへの対策が大半です。そのためGoogleで検索する場合、上記のようなSEOの影響を受けて、本当の情報が探しづらくなっていたり、見つからない状態になっていたりする可能性があります。

それを防ぐためには、Google以外の検索エンジンを使う方法があります。お勧めは**「DuckDuckGo[※1]」**です。DuckDuckGoは**「ユーザーの個人情報を一切保存しない」**ことを宣言しています。検索結果のクオリティもGoogle同様に高いと言えます。DuckDuckGo向けのSEOはほとんど行われておらず、自分の知りたい情報を偏りなく集めることができます。

また、個人情報を取得しないということで、DuckDuckGoでは「ずるい検索04」でお話しした**パーソナライズの影響も受けません**。例えばGoogleで「ラーメン」と検索すると近くのラーメン屋のウェブサイトなどが出てきますが、DuckDuckGoなら「全国の人気ラーメンTOP20」といった記事が上位表示されます。

ここがずるい！

- **企業の意図に影響されず情報を集められる**
- **自社、他社の認知度がリアルにわかる**
- **自分の個人情報を渡さないようにもできる**

1:DuckDuckGo
https://duckduckgo.com/

ずるい検索 06

広告に邪魔されずに検索する

知りたい情報を探しているときに、見たくない広告に邪魔をされる。一度ウェブサイトを見ただけで、ずっとそのサイトの広告が表示される。誰にでも経験があると思います。不要な広告をなるべく少なくする方法を紹介します。

こんなときに役立つ！

- 仕事中に広告が表示されてイライラするとき
- 動画の途中で広告が表示されて集中できないとき
- ソーシャルメディアで不要な広告が表示されるとき

自分の見たい広告が表示されるようにする

「ずるい検索04」で、Googleなどの検索エンジンでの検索結果はパーソナライズされているというお話をしました。これは広告も同じです。

Googleはユーザーにとって興味がありそうな広告を表示しようとしているのですが、実際には不要な広告が表示されて気になることも多いはずです。例えば、一度転職サイトを閲覧したらどこのサイトに行っても転職サイトの広告ばかり表示される、あるいはせっかく集中してYouTubeを見ていたのに広告に中断される、といったことがあると思います。

そんなときは、**Googleの「マイ アド センター[※1]」で見たくない広告の表示を減らしましょう**。このサイトでは、ユーザーが興味を持ちそうだとGoogleが判断した広告のトピック、企業やサービス、実際に表示された広告内容などを確認し、表示回数を減らすことができます。また、興味のあるトピックや企

1: マイ アド センター
https://myadcenter.google.com/

業があれば、表示回数を増やすこともできます。

……広告をブロックできるブラウザ

なるべく広告を出したくないときは、「Brave[※2]」というブラウザをお勧めします。このブラウザは個人情報を保存せず、広告を表示しません。実際にYouTubeを見ると、広告が表示されないのがわかると思います。YouTubeに限らず、あらゆるサイトでの広告をブロックします。リマーケティング広告(特定のサイトやコンテンツを見ると、以降もそれに関する情報を表示する広告)も影響を受けません。

Braveを開くと、トップページにいままでブロックした広告の数とトラッキング、その結果節約した転送ファイルの大きさ、節約した時間が表示されます。広告を排除し個人情報の送信をしないことで、素早くウェブサイトを閲覧できることもメリットです。

なお、Braveでは、Braveが独自に選んだ広告が表示されることがあります。これらをクリックすると、暗号通貨が貯まる仕組みにもなっています(ただ、まだ広告は少数です)。その暗号通貨を使って優秀なコンテンツクリエイターに報酬を与えることができるなど面白い考え方なので、興味がある方は調べてみてください。

ここがずるい！

- **広告が表示されず、集中できる**
- **広告が表示されないぶん、時間を短縮できる**
- **自分がどんな広告を見ているかがわかる**

2:Brave
https://brave.com/ja/

ずるい検索 07

自由自在に検索できるようになる

調べたいことをうまく調べられないとき、そもそもの検索方法が間違っていることもあります。簡単な検索方法を知るだけで、一気に情報収集の確度は上がります。パターン別に、正しい検索方法を知りましょう。

こんなときに役立つ！

- どう検索すればいいかわからないとき
- 検索しても知りたい情報が出てこないとき
- 画像はあるけれど言葉で検索できないとき

……知りたいことを調べられない4パターン

何かを検索しようとするとき、思い付くワードを入力しても、思ったような結果が出ない場合があります。

このときの原因は主に4つです。

①検索の方法がわからない
②検索結果が知りたいことと違う
③検索結果が古い
④検索結果がすでに知っていること

それぞれ、見ていきましょう

……検索の方法がわからない場合

■検索演算子を使いこなす

思い通りの検索結果を出力するためには、検索演算子を使いこなすことから始めましょう。知りたい情報を見つけやすくなるので、ぜひ試してください。

主なものについて、下記にまとめました。これはGoogle以外の検索エンジンやGmail、Amazon、ソーシャルメディアなどでも活用できます。ただしサービスによって対応していないものもありますので、ご注意ください。

※検索演算子はすべて半角です。

※検索演算子の前後には半角スペースを入れてください。ただし「-」についてはその後に半角スペースを入れずに検索してください。また、「:」を付けて使うものはその後に半角スペースを入れずに検索してください。加えて「..」の前後には半角スペースを入れずに検索してください。

演算子	説明	例
AND (または)+	前後両方の言葉を含む検索結果を出力。 通常は入力不要だが、別の演算子を組み合わせるときは必要	ラーメン AND お勧め
OR	前後どちらか一方に当てはまる検索結果を出力	犬 OR 猫
-	「A -B」で「Aの検索結果のなかでBを含まない」検索結果を出力	あんこ -饅頭
""	「"A B"」でABと完全一致(単語も順番も同じ)する言葉を含む検索結果を出力	"英語 学習"

演算子	説明	例
*	正しい言葉がわからないときなどに使用。 *の箇所に複数の文字が含まれた検索結果を出力	「Life is like a *」で、下記などの検索結果を出力 ・Life is like a Song ・Life is like a Boat
filetype:	指定したファイル形式の検索結果を出力	カレンダー filetype:pdf
#	ハッシュタグを含んだソーシャルメディアの投稿を出力	#cafe
define:	指定した単語の意味を表示	define:投資
imagesize:	画像検索でイメージのサイズをピクセルサイズで当てはまるものを出力	りんご imagesize:500x400
source:	特定のソースからの検索結果を表示	ウェブ解析 source:yahoo.co.jp
site:	特定のURLのなかから検索結果を出力	site:https://ejtter.com
$	価格を検索	精進料理 $5000
..	年代や価格帯など、範囲を指定して検索	総理大臣 1990..2000
inurl:	その文字を含むURLを出力。下記intitleやintextと併用が有効	inurl:news
intitle:	その単語をタイトルに含む検索結果を出力	intitle:ウェブ解析士
intext:	その単語を本文に含む検索結果を出力	intext:障害情報
allinurl:	その文字をすべてURLに含む検索結果を出力	allinurl:company news
allintitle:	その単語をすべてタイトルに含む検索結果を出力	allintitle:クラウド 労務
allintext:	その単語をすべて本文中に含む検索結果を出力	allintext:渋滞 東北道
phonebook:	企業・場所の電話番号、住所を出力	phonebook:〇〇株式会社

演算子	説明	例
stocks:	公開している銘柄の株式の情報を出力	stocks:google
map:	地図を検索	map:整形外科
loc:	特定の地域を絞って出力	整形外科 loc:金沢市
movie:	動画を検索	movie:ウェブ解析士

各演算子を組み合わせて、例えばこんなことができます。

■ Twitterの特定のアカウントに関する情報を探す

Googleを使ってTwitterの組織や団体のアカウントに関する情報を探したい場合、下記のように検索すればアカウントが発信したツイートやプロフィール情報などがわかります。

「site:twitter.com アカウント名 -inurl:status -inurl:hashtag -inurl:lists」
例：site:twitter.com @wacajp -inurl:status -inurl:hashtag -inurl:lists

これでTwitterの公式サイト（twitter.com）でアカウント名が「@wacajp」となっているアカウントの情報が表示されます。

■ YouTube以外で動画を探す

Googleで動画を探すとYouTubeばかりですが、動画をTikTokやInstagramだけで調べたい人もいるでしょう。例えば投資に関するYouTube以外の動画を探すとすれば、下記のように入力します。

「投資 site:tiktok.com OR site:instagram.com -site:youtube.com」

ただし、検索演算子を入れても思った通りの結果が出ないこともあります。Googleの場合、検索演算子を使った検索の結果が少な過ぎると判断すると、自動的に検索演算子の一部を無視して表示されます（その場合、無視した結果であることがアナウンスされます。また、無視しないようにも設定できます）。また、日本語では十分な表示がされないこともあります。

■画像で検索する

「検索」というと検索エンジンにキーワードを入れて探すことを想像しますが、そもそも言葉では調べられないこともあります。例えばロゴの画像はあるけれどそのブランドの名前がわからない、製品の画像があってもメーカー名がわからない。そうしたときには**「Google 画像検索」**を活用しましょう。画像を元にいろいろな情報を探すことができます。
「Google レンズ※1」（無料）はGoogleの画像検索をもっと便利にしたようなアプリです。

①風景写真から場所を特定する
②写真からアイテムの詳細情報を手に入れる
③画像のなかにあるテキストを認識して検索する
③外国語の文章を翻訳する
④植物や動物の名称を調べる
⑤商品の値段を知る

このように、画像からさまざまな情報を検索することができます。

1:Google レンズ
https://lens.google/intl/ja/

検索結果が知りたいことと違う場合

調べたいことと、検索している言葉が違うことを疑ってみましょう。

例として、Facebookで自分をフォローしてくれている人のリストを作りたいとします。1人ひとりFacebook上で確認するのではなく、エクセルの一覧表のような形式で一括ダウンロードしたいところです。

その方法を調べるため、「Facebook　フォロワー　ダウンロード」と検索しても、Facebookのインサイト（フォロワー数の推移や投稿への反応などの情報）をダウンロードする方法が上位表示されます。

自分が調べたい情報の解釈を変えてみます。「自分の Facebook のフォロワーの情報」を別の意味で捉えれば、「自分の個人情報」です。Facebook にある自分の個人情報の一部にフォロワーの情報も含まれているわけです。「Facebook 自分の情報 ダウンロード」と検索することで、欲しい情報が見つかります。

検索結果が古い場合

目的の情報が見つかったとしても、古くて役に立たないということもあります。

例えばソフトウェアの操作方法を調べても、古いバージョンの画面や操作方法の説明でよくわからない。これは多くの人が経験していると思います。以前は正しくてもいまは間違っているというケースもあります。

Google では、検索結果の画面で「ツール」をクリックすると、表示される情報がアップされた期間の指定ができます。

例えば為替相場の情報を検索する際、期間指定を「1時間以内」に設定すれば、最新の情報だけを確認することができます。同じことはほとんどの検索エンジンでできます。

また、より簡単な方法もあります。**Chromeの拡張機能「Quick Custom**

Gsearch[※2]」（無料）を入れると、**検索結果の横に期間を指定するメニューが自動的に出現**します。ワンクリックで期間を絞り込むこともできるから便利です。

検索結果がすでに知っていることの場合

検索したけれど、検索結果がすでに知っていることばかりということもあります。その場合は、キーワードを置き換えて検索してみましょう。

例えば､「日本　果実」で検索しても欲しい結果が得られなかった場合､「日本　フルーツ」で検索をし直します。

検索エンジンは、キーワードを手掛かりにコンテンツを探して表示します。その手掛かりにバリエーションを持たせることで、より多くの結果を提示してくれます。

言葉のバリエーションを増やすために、**「コトバンク[※3]」（無料）などのサイトで言葉の定義を見る**、あるいは**「ラッコキーワード[※4]」（無料。有料のプレミアム機能あり）などで類義語や共起語を探す**ことも有効です。ChatGPT[※5]などのAIチャットで単語に関連するワードを聞いてみるのもいいでしょう。

ここがずるい！

- **検索演算子を活用して効率的に検索できる**
- **画像からさまざまな情報を探せる**
- **より多くの検索結果を得られるようになる**

2:Quick Custom GSearch
https://chrome.google.com/webstore/detail/quick-custom-gsearch/dcdmfmmmmpjgfaffnaokjpifnihmhaon

3: コトバンク
https://kotobank.jp/

4: ラッコキーワード
https://related-keywords.com/

5:ChatGPT
（英語）
https://openai.com/blog/chatgpt

パーソナルトレーナーに聞く「思い込みを避ける情報収集」

仕事をしていく上ではコンディションが大事です。どんなに優秀な能力があっても、体調やメンタルが優れなければいいパフォーマンスは出せません。

ただ、コンディションを整えるための方法を知ろうと思っても、健康ブームの現在では山ほどの情報があります。なかには正反対のことを言っているものもあれば、素人が見ても明らかに怪しいものもあります。

そこで、パーソナルトレーナーをしている専門家、鈴木颯さんにお話を伺いました。情報が溢れるなかで、どのように正しい情報を見極めればいいのか。これは健康に限らずあらゆる分野で重要な視点でしょう。

鈴木颯（すずき・はやて）

福島工業高等専門学校を卒業後、一般企業にエンジニアとして就職。同年、起業を志し退職。パーソナルトレーニングジムG-Loungeいわき泉店をオープン。翌年事業を法人化し、株式会社Greatest Of All Time代表取締役に就任。いわき市内にFC含め2店舗展開。FWJ MOLA CUP 2022にて5位入賞の経歴を持つ。腸内環境に着目したボディーメイクを提唱している。

パーソナルトレーナーの健康に対する情報源

ネットやメディアを通して多くの情報に触れる上で、気付かないうちに誤った思い込みをしていることもあります。

例えば、「ドラッグストアに売っているものは信用できる」「ブランド力のある有名な商品だから大丈夫だろう」という思い込みから、内容表示を確認せずに健康食品を購入していることも多いのではないでしょうか。実際には、このような商品に添加物が多く含まれているようなこともあります。

また、ウェブ上では「こうやってダイエットに成功しました」「私のダイエット法を教えます」といった情報商材が高額で販売されているところを見かけます。これも信じ過ぎるのは危ないでしょう。体質は人それぞれなので、必ず同じ方法で成功するとは限りません。

あらかじめ正しい知識を持っておく

過敏になり過ぎてもよくありませんが、あらかじめ健康に対する基本的な知識を知って検索することで、信用できるたくさんの情報を得ることが可能となります。これは健康に限らずあらゆるジャンルで言えることでしょう。

例えば、「痩せたい」という目的で検索をする場合、太る原因のひとつは「消化不良」であるという知識を持っていれば「腸内環境」という検索ワードが導き出されます。その検索から、「発酵食品」や「江戸時代の食事」などの検索ワードへ広げることができ、より深い知識となります。

正しい知識を得るには、やはり書籍でしょう。それに、最近はYouTubeでも参考になるチャンネルがあります。どれか1つに限るのではなく、広くたくさんの情報を見て、自分なりのフィルターを持つことが大切です。

第2章

勝手に情報が集まる「仕組み」をつくる

ずるい検索 08

目的に合わせてニュースを見る

世の中で起きていることを知るために、「ニュース」を活用する人は多いでしょう。しかし、ひと口にニュースと言ってもさまざまな媒体があります。それぞれの媒体のメリットを理解し、効率的に情報収集しましょう。

こんなときに役立つ！

- 世の中のできごとを手軽に知りたいとき
- リアルタイムの情報を知りたいとき
- ニュースでは流れない情報を知りたいとき

……世の中で起きていることを広く知る

複数のメディアから情報を探すのは手間です。また、なかには信憑性に欠けるものもあります。

ニュースを広く探すなら、「Google Discover」や「Yahoo! ニュース」が便利です。多くの人にとって重要だと思われるニュースが随時配信され、世の中で起きていることをひと通り知っておくためには重宝します。

また、ある程度の信憑性もあります。記事がGoogle DiscoverやYahoo!ニュースに掲載されると、アクセス数が一気に増えることがあります。特にGoogle Discoverに載ることの効果は高く、マーケターのなかでは「Google砲」と呼びます。

これらへの掲載を目指して記事を書く、プロの記者が多数存在します。リアルタイム性や信憑性が高いと判断されなければ掲載されないため、クオリティが吟味された内容になっています。

便利でお得なのはニュースアプリ

社会の動向を知るために、ニュース系のアプリを使う人も多いと思います。「Gunosy[※1]」や「NewsPicks[※2]」、「SmartNews[※3]」などが代表的です。

こうしたメディアにも、メリットがあります。NewsPicksでは各ニュースに有識者のコメントが付くので、ニュースに関連した情報が受動的に入ってきます。SmartNewsやGunosyではクーポンや楽天ポイントなどの特典が付きます。どれも基本無料（一部有料）なので、**いくつか使ってみて、自分が使いやすいものをメインにチェックする**ようにするといいでしょう。

信憑性が高いのは有料のメディア

より信憑性の高いニュースを知るためには、有料メディアもお勧めです。**代表的なのは「日本経済新聞電子版[※4]」**（一部無料）です。しっかりとしたエビデンスのある記事が配信されますし、紙の新聞に比べて使い勝手も優れています。

なお、楽天証券に口座開設すると、専用スマホアプリの「iSPEED」経由で「日経テレコン」という新聞・雑誌記事のデータベースサービスを利用できます。楽天証券限定の一部制限された機能ですが、直近3日分の日経新聞を読めたり、1年分の記事検索ができたりします。

国内ニュースでは見えない側面を知る

最近の日本のニュースは、まるでCMのようだと感じます。国内の話題ばかり扱われ、エンタメ情報や商品宣伝の話がニュースとして報道されています。

海外に行くと、ニュースサイトもテレビも新聞も、国内の出来事の次に多く扱われるのはワールドワイドの動向です。世界には、タレントの結婚より大事

1:Gunosy
https://gunosy.com/

2:NewsPicks
https://newspicks.com/

3:SmartNews
https://www.smartnews.com/ja

4: 日本経済新聞電子版
https://www.nikkei.com/

な事件や災害や戦争がたくさんあるのです。

これらの情報を日本で知ろうとすると、なぜか大変な手間がかかります。さらにその記事も「世界的に重要なこと」ではなく、「日本にとって重要なこと」というフィルターが掛かっています。世界的な問題意識を持ってニュースを知ることが大切です。

日本語で海外ニュースを探すには、各テレビ局の「海外ニュース一覧」を検索するといいでしょう。国内の放送時には短時間しか報道されなかったニュースを、無料で詳しく見ることができます。

- **NHK「NEWS WEB」の国際ニュース**※5
- **「テレ朝 news」の国際ニュース**※6
- **「BBCNEWS JAPAN」**※7

……リアルタイムの情報を知るためには

いま何が起きているのかをリアルタイムに知るのであれば、Twitterが便利です。地震や列車の遅延、渋滞などが起これば多くの当事者が投稿します。これ以上にスピードが早い情報源をいまのところ私は知りません。

リアルタイムな情報を調べる上でもう１つ押さえておきたいのは、「Yahoo!リアルタイム検索」です。例えば何か事件が起きたら、それにまつわる情報を瞬時に知ることができます。

Yahoo!リアルタイム検索で表示される内容は基本的にTwitterのトレンドやキーワード検索と同様ですが、Yahoo!リアルタイム検索の独自の機能として、そのキーワード関連のツイート数の推移表示や投稿の感情分析があります。信憑性に欠ける部分はありますが、最新の動向を知るためには押さえておきたい情報です。

5:NHK「NEWS WEB」の国際ニュース
https://www3.nhk.or.jp/news/cat06.html

6:「テレ朝 news」の国際ニュース
https://news.tv-asahi.co.jp/news_international/

7:BBCNEWS JAPAN
https://www.bbc.com/japanese

「生」のニュースを知る

政治経済などのニュースはニュースメディアで知ることができますが、それらに対して一般の人がどのように反応しているのかはわかりません。

また、芸能や地方の話題など、ニュースメディアでは大きく取り上げられないけれど、ソーシャルメディア上で話題になっているトピックもあります。そうした出来事について、ニュースメディアは盛り上がっていることを知ってから記事化するため、リアルタイムに情報を知ることはできません。

このような内容にも、TwitterやYahoo!リアルタイム検索が便利です。加えて、以下のような掲示板やソーシャルメディアもお勧めです。

- **「はてなブックマーク」**※8
- **「ニュー速クオリティ」**※9
- **「スラド」**※10
- **「Togetter」**※11

無料で最新のニュースが流れてくるだけでなく、そのニュースに対して人々の「生」のコメントを見ることができます。コメント数の多い記事や人気のブックマーク記事をチェックすることで、世の中全体がどのようなニュースに注目しているかがわかります。

ここがずるい！

- **手間をかけずに知識を高められる**
- **人があまり知らない情報を集められる**
- **新しい出来事について人より先に詳しくなれる**

8: はてなブックマーク
https://b.hatena.ne.jp/

9: ニュー速クオリティ
http://news4vip.livedoor.biz/

10: スラド
https://srad.jp/

11:Togetter
https://togetter.com/

ネットビジネス・アナリストに聞く「ヌケモレない情報収集の習慣」

情報の移り変わりの早い現代では、「知らない」というだけで、業務効率は大きく下がります。いち早く最新の情報を知ることで、業務のタイムパフォーマンス（時間対効果）が上がり、業務効率は格段に上がります。

ITコンサルタント、ネットビジネス・アナリストとして活躍する横田秀珠氏。WEB業界のやり手コンサルタントがこっそり真似をする最新のナレッジを、15年近くブログで発信し続けています。情報収集の習慣について、伺いました。

横田秀珠（よこた・しゅうりん）

ジャーナリスト、ネットビジネス・アナリスト。広島大学理学部数学科卒業後、父親が経営する高校向け国語副教材の出版会社である尚文出版株式会社に入社。その後まったく未経験のweb制作会社へ転職。webセミナー講師や提案営業を行ってコンサルティングのセンスと経験を身に付け、2007年に独立し、イーンスパイア株式会社を設立、現在も代表取締役社長を務める。

毎日必ずチェックする媒体

ニュースキュレーションアプリ（「SmartNews」など）やソーシャルメディアでの情報収集は、自分好みにニュースや投稿が最適化されていくので情報が偏ってしまいます。また、特定の個人のブログを常にチェックするという習慣も、そのブログを書いている人のフィルターを通して見ることになります。

偏らない情報を収集するには、情報の見方を変えることも必要です。

私の場合、基本的な最新情報の収集には「Yahoo!ニュース」を使用します。Yahoo!ニュースでは、例えば「IT」というカテゴリー1つでも1日約200～300

の記事が更新されています。毎日のルーティンとして気になる記事をチェックすることによって、プレスリリースや大手企業の動向など、業界の最新情報を把握できます。1週間で記事を遡れなくなるので、情報の確認をルーティン化することも重要です。

Yahoo!ニュースには取り上げられない、インフルエンサーやブロガーの情報を網羅するためには「はてなブックマーク[※1]」(無料)の活用が有効です。情報を得たい業界のカテゴリー(例えばIT)を検索し、企業には属さない個人のブログやnote、Twitterの記事を「人気順」「新着順」の検索で、それぞれ確認していきます。

さらに、「Yahoo!リアルタイム検索」で世の中の動きや全体のトレンドを把握することで、自身の必要とするカテゴリーについてヌケモレのない情報収集をできるようにしています。

アウトプットによる情報の整理

このように情報収集をしていると、その量は膨大になっていきます。世の中の動きや物事の流れを把握するため、得た情報は時系列に整理をして確認するようにしましょう。

私の場合は、自身のブログでアウトプットすることで、情報の整理をしています。まず「SNS」「AI」「クラウド」など、ITに関するニュース記事をカテゴリーごとにまとめ、それをさらに細分化します。「SNS」なら「Instagram」「Twitter」「TikTok」といったように、合計150以上のテーマに振り分けています。

こうして体系立てられた情報こそ、ビジネスで生きる「より役に立つ知識」になると考えています。

1: はてなブックマーク
https://b.hatena.ne.jp/

ずるい検索 09

複数のメディアをまとめてチェックする

「ずるい検索08」では、さまざまなニュースメディアを紹介しました。理想を言えば毎日すべてのニュースをチェックすることですが、忙しいなかでは大変です。そこで、複数のメディアを横断的に確認できる方法を紹介します。

こんなときに役立つ！

- 情報収集を習慣化したいとき
- たくさんの媒体からニュースを集めたいとき
- 常にチェックしたいブログがあるとき

複数の媒体の新着情報を自動的に取得

ニュースサイトひとつを取っても、頻繁に大量の記事が配信されます。すべてをチェックすることはなかなかできません。アプリで調べるとしても、それぞれ別のアプリです。網羅的に情報収集しようとすれば、それぞれを確認しなければいけません。

そこで、**ニュースを横断的にチェックできる方法**をご紹介します。その方法は**RSSリーダー**です。

まず、RSSとは「Really Simple Syndication」もしくは「Rich Site Summary」の略で、**サイトのニュースやブログの記事などをまとめて配信する技術**です。各サイトのRSSを登録することで、そのサイトの更新情報や新着情報を自動的に取得できます。

このRSSをさまざまなサイトから収集してくれるのが、RSSリーダーです。各種ウェブサイトやnoteの記事、個人のブログなどでも登録可能です。

RSSリーダーでは、一般的に記事の画像やタイトルがリストで表示されます。情報収集のためにチェックしているサイトを登録することで、常に最新情報の更新を確認できます。短い時間で情報を収集するにはとても有用なサービスです。

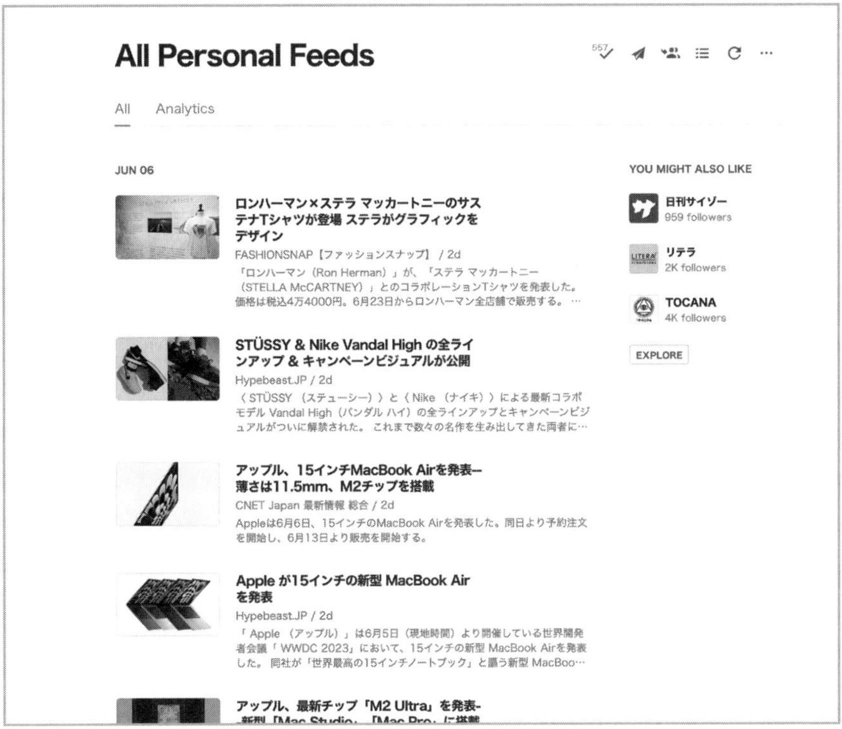

お勧めのRSSリーダー

「RSSリーダー」と聞いて、懐かしいと思う方も多いと思います。「Web2.0」という言葉がバズワードになったとき、「αブロガー」と呼ばれる人たちが頻繁に記事を書いていました。ブログが更新されたとき、すぐに読めるように活用されたのがRSSリーダーでした。

この頃から、多くのメディアではRSSを発信しています。当時流行っていたRSSリーダーはほとんどサービスを中止しましたが、いまでもいくつかのサービスがあります。今回は**ブラウザ上で利用できるSaaS型のRSSリーダー**を紹介します。

■Feedly※1（無料。有料プランあり）

大量のニュースを一度に購読するには便利です。画像とタイトルと要約が見られるので、認識もしやすいです。無料版でも十分な機能を持っています。

■NETVIBES※2（無料。有料プランあり）

フランスのRSSリーダーです。一般的なインターフェースで使いやすく、記事がリストで表示され、さっとニュースを確認したい人にお勧めです。ただしヨーロッパのサービスのため「Yahoo!ニュース」などを取得できないところが欠点です。こちらもRSSリーダーを使う上では無料版で十分でしょう。

■Feed Watcher※3（無料）

簡単にRSSの登録ができるツールです。シンプルなリスト型なので、一度に大量の記事を見ることができます。

■LOVE-G RSS Reader2※4（無料）

Chromeの拡張機能として利用できるRSSリーダーです。さまざまなサイト

1:Feedly
（英語）
https://feedly.com/

2:NETVIBES
（英語）
https://www.netvibes.com/en

3:Feed Watcher
https://feedwatcher.net/main/

4:LOVE-G RSS Reader2
https://chrome.google.com/webstore/detail/love-g-rss-reader2/docpnbbbkcjpicndjcndadmnfgnhoicc?hl=ja

のRSSを取得し、リアルタイムにニュースの更新がわかります（ただ、一部読み込めないRSSもあります）。

「LOVE-G RSS Reader2」をインストールし、Chromeの「拡張機能」のなかからアイコンをクリックすると、RSSリーダーに移動します。デフォルトはGoogle Newsが入っていますが別のページを作成し、購読したいRSSを登録します。

各サイトのRSSの探し方

上記のようなRSSリーダーに各サイトのRSSを登録することで、ニュースや記事をまとめて見ることができるようになります。

まず、**多くのウェブサイトではわかりやすくRSSが紹介されています**。表示の場所は各サイトによって異なりますが、一般的にはサイトにRSSマークがあり、それをクリックすることで簡単にRSSの情報が取得できます。また、ページ上で「RSS」と検索すると見つかることもあります。

例えばYahoo!ニュースでは「トピックス一覧」のいちばん下に「RSS」のボタンがあり、そこからカテゴリーごとのRSSのリンクがわかります。

ただ、なかにはRSSがわかりづらいサイトもあります。サイト内のヘルプページなどを探すと見つかることもありますが、基本的には**HTMLのソースから探します**。

Windowsの場合は「Ctrl+U」、Macの場合「Command+Option+U」で現在見ているページのソースコードを表示させます。

ソースコード内で「alternate」と検索するとRSSリーダーで購読するためのURLがわかります。

alternateがあれば、以下のような記述があります。

link rel="alternate" type="application/rss+xml"
title="RSS"
href="https://○○.○○/○○.xml"

RSSリーダーに登録するのは、「alternate」の直下にある「href=""」に書いてあるURL（上記では「https://○○.○○/○○.xml」）です。

また、サイトによってはこれらの方法ではRSSがわからないことがあります。上記のような**案内やソースが見当たらない場合は、「BeRSS[※5]」（無料。有料プランあり）などのRSS発見ツールを使ってRSSがあるかを確認**します。

さらに**RSSフィードがないサイトでもRSSフィードをつくる**という荒技があります。

「PolitePol[※6]」（機能別で無料、有料あり）などのRSSフィード生成サイトに移動し、取得したいページのURLを入力します。カテゴリー別記事のまとめなど、一覧になっているところが使いやすいでしょう。

5:BeRSS
https://berss.com/

6:PolitePol
（英語）
https://politepol.com/

RSSリーダーを使うとさまざまなウェブサイトやメディアの情報を一覧できるので、最新のトレンドを知るには強力なソリューションになります。

RSSを後でまとめて読む

RSSリーダーを使う人にお勧めなのは、「Pocket※7」です。RSSリーダーでは常に最新記事に更新されていくため、読みたかった記事がたくさんの情報に埋もれて探し出すのに時間がかかってしまうことがあります。Pocketを使うと、**記事を保存して後からまとめて目を通すことができます**。

PocketとRSSリーダーは簡単に連携することができます。Chromeなどのブラウザに Pocketの拡張機能を入れるとブラウザ上にアイコンが表示され、気になる記事があったときにそのアイコンを押すことで簡単に保存できます。

保存後はアプリを使ってスマホで見ることができます。無料でも使えますが、有料登録をすると削除された過去の記事を見ることができたり、記事の全文から検索できたりするので便利です。

ここがずるい！

- **いろいろな媒体を見なくても情報が集まる**
- **好きなブログが更新されたらすぐにわかる**
- **たくさんの情報から必要なものをひと目で選べる**

7:Pocket
https://getpocket.com/ja/

ずるい検索 10

チェックしたいサイトの情報を自動収集する

「ずるい検索09」ではRSSリーダーについて紹介しました。ただし「Amazon」や「食べログ」など、一部のサイトではRSSリーダーでも情報を集めることはできません。これらの情報を活用するために、便利な方法があります。

こんなときに役立つ！

・自分のお店の評判を定期的にチェックしたいとき
・条件に合った不動産を探しているとき
・求人情報を定期的にチェックしたいとき

定期的にサイトを巡回して情報を集める

さまざまな検索エンジンやRSSリーダーなどを使うと、一般に広く公開することが目的の情報は収集できます。しかし、RSSは記事のタイトルや画像などを表示するものであり、情報そのものを保存して表示するものではありません。例えば、Amazonで掲載している商品の情報や食べログの口コミといった情報は、RSSでは収集できません。

このような情報を集めるのに便利な、スクレイピングソフトというツールがあります。これは、指定したウェブサイトや公開されているデータベースの情報を自動的に収集・保存する仕組みです。「クローラーソフト」「巡回ソフト」とも呼ばれます。

例えば、こんな情報を集めるのに便利です。

- 特定の地域のお店の住所や評価の点数
- 不動産物件の一覧
- Amazon や楽天での商品の価格や口コミの一覧
- 特定のサイトにある会社の連絡先や評価
- 求人情報の一覧と応募数

スクレイピングソフトは有料のものを選ぼう

ロボットによる自動収集を嫌う企業は、防御策を採ることがあります。ウェブサイト上で「私はロボットではありません」「○○の画像を選んでください」のようなチェックを求められる技術が、それに当たります。

スクレイピングソフトには無料、有料さまざまなものがありますが、上記のような対策を取られていることから、無料のものはあまり役に立ちません。完璧ではありませんが、かなり自動化できる有料のソフトがお勧めです。

例えば「**Octoparse**[※1]」（有料。無料トライアルあり）は、パソコンで使えるスクレイピングソフトです。**Amazonなど、多くのユーザーが情報を収集したいサイト用のテンプレート**が準備されていて、すぐに使えます。もちろん、テンプレートがなくても情報収集をしたいウェブサイトやページを指定することで、その情報を収集してくれます。

ここがずるい！

- 不動産情報が更新されたら知ることができる
- Amazon の口コミなどを自動的に知ることができる
- 気になっている会社の求人情報をいち早く知ることができる

1:Octoparse
https://www.octoparse.jp/

ずるい検索 11

自社に関する記事が出たら知らせてもらう

自社や商品に関して、ネット上でどのように反応されているのかを探すことがあります。しかし、そのために何度も検索するのは手間です。目的の記事がアップされたとき、自動的に教えてくれる仕組みをつくりましょう。

こんなときに役立つ！

- 新発売の商品がどれだけ話題になっているかを知りたいとき
- ある業界や人物について定期的に情報収集したいとき
- Twitter で特定のワードに関する投稿を自動で集めたいとき

指定したワードに関する記事を自動収集する

例えば、新商品販売後やCM放送後、世間の反応を確認するためにそれらに関する記事や投稿を検索することがあると思います。同様に他社がイベントなどをしていれば、その評判について調べることもあります。

また、定期的に自社に関するニュースや記事を探して、悪評が出てはいないか、内容に問題がないかをチェックしたいということもあるでしょう。

しかし、頻繁に検索するのは大変です。そんなときは、**「Google アラート※1」**（無料）を使いましょう。**指定したワードに関する検索結果をメールでお知らせする**サービスです。頻度や検索範囲（国内・国外など）を指定することもできます。

ただしGoogleは膨大なウェブサイトの情報をチェックするので、リアルタ

1:Google アラート
https://www.google.co.jp/alerts

イム性の高い情報には対応していません。そもそも該当ページが消えてしまうこともあります。また、ソーシャルメディアの投稿のような流動性の高いものも意図的に外しています。そこで別の方法も合わせて使いましょう。

Twitterの投稿も自動収集できる

リアルタイムな情報を調べたいときは、Twitterの検索が有効です（「ずるい検索15」参照）。Twitterでの情報収集も、**Googleアラートのように自動で収集**できれば便利です。

そのためのツールとしては**「SocialDog※2」と「IFTTT※3」**があります。

どちらもTwitterで特定のワードを監視することができますが、それぞれのコンセプトは異なります。前者はTwitterマーケティング専用のツールであり、後者はさまざまなソリューションを組み合わせた、作業を自動化するツールになっています。

SocialDogは有料（無料トライアルあり）で、Twitterで複数のワードを監視できます。Twitterのキーワード監視にはこちらのほうが向いています。

一方で、IFTTTは無料プランもありますが、Twitterの分析は有料です。こちらでは「Applet（連携を自動化できる作業の数）」が設定でき（プランごとに数が異なる）、Twitterの分析に限らずさまざまな行動の自動化に役立ちます。例えばTwitterで特定のワードを監視しながら、同じようにInstagramでもハッシュタグを監視する、といったときはIFTTTが便利です。

ほかにもできる作業の自動化

IFTTTを使うと、ほかにも以下のような行動が自動化できます。

- Gmailの添付ファイルをGoogleドライブに保存する
- 「Slack」に来たメッセージをGoogle Sheetsに追加する

2:SocialDog
https://social-dog.net/ja/

3:IFTTT
（英語）
https://ifttt.com/

・Google Sheets に新しい行が追加されたら Slack に通知する
・「WordPress」で公開した記事を Twitter に投稿する
・Twitter にメンションが届いたら Notion の To-Do リストに追加する

毎日の仕事のなかで、機械的に行っている作業はたくさんあるのではないでしょうか。それらを自動化することで時間を節約することができます。IFTTT は英語のサービスですが、かなり直感的に使えるようなインターフェースにもなっています。興味がある方は一度試してみましょう。

ここがずるい！

・自社について世の中の反応を確かめながら対応を考えられる
・特定の事柄について自分で調べなくても詳しくなれる
・押さえておかなければいけない取引先の情報が自動で集まる

ソーシャルメディアマーケターに聞く「情報を追いかける動機」

人は平等に年を取ります。そして年を取ればそのぶん、情報の理解力も収集力も衰えていきます。それでも最新の情報を理解し、判断したいと考える人もいると思います。

積高之氏は、60歳を超えてもなおソーシャルメディアのコンサルタントとして活躍しています。さらに大学やファッション専門学校で講師をしつつ、大学院の博士課程で学ぶ学生でもあります。若年層が中心のソーシャルメディアやテクノロジーのトレンドを追いかけることはかなり大変だとは思いますが、ソーシャルメディアのトレンドを始め、「人工知能」「Web3」「メタバース」といったことについて、最新の情報を常にキャッチアップしています。どのような姿勢で情報を追いかけているのか、お話を伺いました。

積 高之（せき・たかゆき）

経営管理修士（MBA）、チーフSNSマネージャー、上級ウェブ解析士、ITコーディネータ。関西学院大学専門職大学院経営戦略研究科を卒業。大手子供服SPA、酒販小売業チェーン、保険代理店などの顧問・コンサルタントを歴任、現在は京都積事務所代表として経営戦略レベルのコンサルティングを行う。関西学院大学や上田安子服飾専門学校の非常勤講師も兼務。

アウトプットすることでインプットの必要性をつくる

最新の情報を追いかける最大の動機は、アウトプットにあります。セミナーでも執筆でもソーシャルメディアでもいいので、自分が得た知識を定期的に発信するようにしています。

質の高いアウトプットをするために、学ぶ必要性が湧いてきます。また、アウトプットのためには、学んだことを人に教えられるくらいに整理しなければいけません。それが実務への応用力を高め、学ぶことへの意欲を維持するきっかけになっています。

例えば私が「Adobe Express※1」というスマホでの動画作成ソフトの講演をしたときです。セミナー登壇を依頼されたとき、私はこのソフトの存在は知っていましたが、使ったことはありませんでした。3カ月後に講座開催を決めることによって、その間にこのソフトの使い方を徹底的に学ぶ動機付けに活用することができました。

アウトプットのメリットは意欲だけではありません。発信をすることによって、同じ情報に興味を持つ人との繋がりをつくりやすくなります。「情報は発信した人に集まってくる」とも言えます。

書籍は2行得るものがあれば価値がある

優れたアウトプットを維持するために、私は普段から情報をシャワーのように浴びています。もちろん有料のものもありますが、得られる情報量に比べればたいした金額ではないと感じています。

まずはさまざまなウェブメディア、雑誌や新聞などのニュースメディアのサブスプリクション、専門ニュースなどを登録したり購入したりしています。また、iPhoneなどのデバイスも常に最新の機器を使うようにしています。ストレスなく最新の情報に触れられるということもありますが、結果的に安上がりでもあります。

書籍は主にKindle版で買って、iPad miniで読んでいます。メディアを見るデバイスにはそれぞれ適切なサイズがあります。雑誌は12インチのiPadが読みやすいですが、書籍は10インチでもストレスで、8インチがぴった

1:Adobe Express
https://www.adobe.com/jp/express/

りです。書籍については、「1冊で2行学ぶことがあったらコストに見合う」くらいに考えて、気になったものは片っ端からダウンロードしています。速読術というほどではありませんが、数秒に1ページめくるスピードで読んでいきます。また「Audible」も活用し、耳からも書籍情報を入手しています。

インターネットで流れていく情報は、RSSリーダーの「Feedly[※2]」を使っています。Feedlyはコンテンツの一部だけでなく画像や「Magazine View」でサムネイルと要約を流すように見て、必要だと思ったことは全部「Pocket[※3]」に送ります（「ずるい検索09」参照）。

流れてくるRSSの情報のうち、必要なものは「Pocket」で記事ストックし、時間のあるときにスマホなどで読むわけです。最近では何かをしながらTikTokのフィードをスクロールし音声だけを聞き、気になったものだけ指を止めて見直し、必要なものは保存するようにしています。

情報の少ない分野はさまざまな言葉で検索する

博士課程の研究では「Google Scholar[※4]」（「ずるい検索48」参照）は欠かせません。しかし、専門としている「VR空間内の五感マーケティング」の先行研究など、知りたいことと完全に一致する情報はあまり多くありません。そこで、検索ワードを複数組み合わせます。

例えば「メタバースの五感マーケティング」が知りたいテーマであれば「メタバースの研究」「メタバースの中での消費者心理の研究」「五感マーケティングの研究」と探していけば、情報量は増えていきます。最近では「Consensus[※5]」（無料）で、被引用の多い論文を読むようにしています。

英語での検索ができるようになると、多くの一次情報源に出会うことができます。例えばCES（コンシューマー・エレクトロニクス・ショー：ラスベガスで行われる電子機器の見本市）などの展示会の情報、アメリカのテック系の記

2:Feedly
（英語）
https://feedly.com/

3:Pocket
https://getpocket.com/ja/

4:Google Scholar
https://scholar.google.com/

5:Consensus
（英語）
https://consensus.app/

事は原典を読むようにしています。日本語の情報になった時点でもう遅い（手垢が付いている）ということもありますし、そのときには日本企業にフォーカスが当たり過ぎていて、本当に注目すべきニュースが埋もれてしまうこともあります。ウェブサイトをさっと読むだけならサイトを日本語化するだけでいいですし、DeepLで翻訳するだけで格段に読みやすくなります。

自分の仕事も疑う姿勢が自分を成長させていく

私は独立して10年間ほどソーシャルメディアのコンサルタントとして仕事をしていました。そのなかでソーシャルメディアとマーケティングの距離感、親和性は変化していったように感じています。

例えばソーシャルメディアのアルゴリズムがマーケティングに有利ではなくなってきているという事実があります。企業やサービスがソーシャルメディアを利用してマーケティングを行うことを、メディアも利用者も好まなくなってきているのです。

企業には費用負担が求められ、しかもそのプロモーションとしての効果は下がり、難易度も上がっています。例えば、Facebookでは企業のオーガニックのページ投稿はほぼ流れていません。実際に流れてくるのは「広告」「グループ」「友達」に限られます。あるいは、Instagramのユーザーは知り合い（友人）の投稿以外は信じない傾向があります。企業の宣伝のための投稿には「PR」と付き、フラットな記事としての信用性は失われています。

これからは「Discord※6」（無料。有料プランあり）のような、クローズドの場で仲間内が楽しむコミュニティが普及し、企業もマーケティングもコミュニティの醸成が中心になってくると思います。また、生成系AIツールの発達は、コンサルティングそのものの代替になるかもしれません。

そんな時代に「ソーシャルメディアのコンサルタント」という機能が必要なのかどうなのか。そこを考えると、「あ、これからはリアルな場でのコミュニ

6:Discord
https://discord.com/

ティマネージャーのような人が必要なのかな」という考えも生まれます。

このように「自分のいまの仕事を疑う」くらいの姿勢で、情報のシャワーを浴び続けるのは、「追いかける」とはちょっと違う感覚で、慣れてしまうと快適です。

何より重要なのは、このスタイルの場合、情報は「集める」のではなく「流す」というポイントです。1つひとつの情報そのものはもちろん役立つことも多いですが、それだけだと情報に振り回されることになります。特にテクノロジーなどは個々の情報自体はいずれ陳腐(ちんぷ)化します。

肝心なのは「全体の流れ」なのです。現在の情報の密度を見ていれば、潮流がどうなっていくのかがわかり、現在やその少し先のことが見えてくるわけです。

ずるい検索 12

AIが自分で情報収集してくれる表を作る

Googleスプレッドシートを使って、例えば縦軸に都道府県名、横軸に「面積」「県庁所在地」と項目を入れる。これだけでAIが情報収集してくれる仕組みがあります。正確性としてはまだまだですが、試してみましょう。

こんなときに役立つ！

- 企業の電話番号や住所などの一覧を作るとき
- 国や都道府県別にさまざまな情報を集めるとき
- リストを作った後に別の項目の情報が必要になったとき

……スプレッドシート上で項目を指定するだけ

複数の項目の一覧表を作るときには、それぞれの情報が必要です。例えば顧客リストであれば、経営者の名前や住所を調べ、それぞれ入力していくでしょう。そうして頑張って作った後に「ごめん！　電話番号も調べておいて！」となることもあります。せっかく調べたのに、またそれぞれの会社について調べ直すことになります。

こうしたとき、例えば「電話番号」というように項目を入力するだけで自動的に情報収集できる方法があります。

AIを活用して、表にデータを入れてもらいましょう。**ChatGPTのAPIを使えば、項目を指定するだけで調べてくれます**。

サンプルのスプレッドシート[※1]をご紹介します（下記で説明する手順を踏まないとデータが出力されないので、別のタブに値のみを入れてあります）。今

1: サンプル
https://onl.la/naEWvSy

回は、「都道府県」「面積」「県庁所在地」「特産品」「観光地」の項目だけを入れました。それぞれの情報は、ChatGPTが集めてくれたものです。

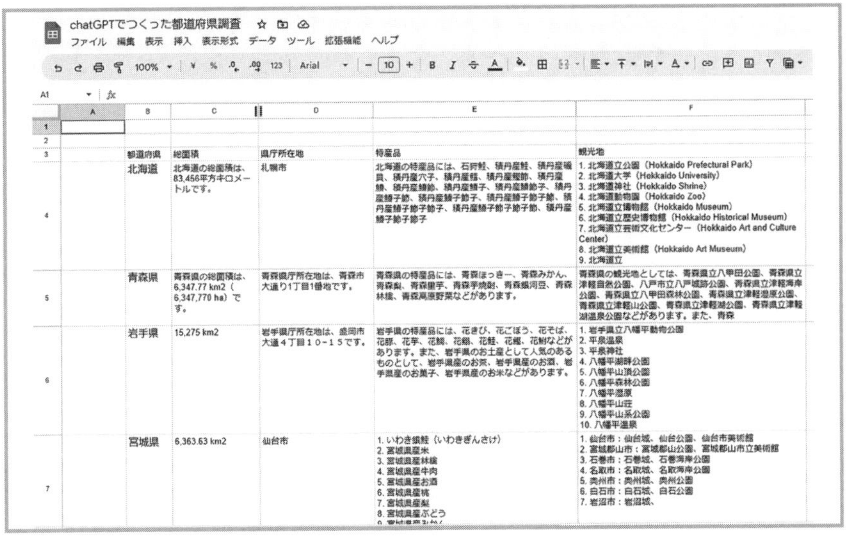

ここまで作業として5分程度。人間がやれば面積だけでも数十分はかかるはずです。

自動化の手順

ただし、ChatGPTのAPI利用は有料になります。手順としては、下記の通りです。

① ChatGPT※2 にログイン。「メールアドレスでのアカウント作成」「Googleアカウントでのログイン」「Microsoftアカウントでのログイン」「Apple IDでのログイン」から選べるので、今回の場合「Googleアカウントでのログ

2:ChatGPT
（英語）
https://openai.com/blog/chatgpt

イン」を選択

② OpenAIの「Billing overview」ページ※3から、「Upgrade」を選択。「Setup paid account」からクレジットカードを登録

③「Billing overview」ページに戻り、「API Keys」を選択。「Create new secret key」をクリックしてKey（一度しか使えないパスワード）を発行。Keyをコピーしておく

④ Google Sheetsの拡張機能　「GPT for Sheets™ and Docs™ ※4」をインストール

⑤ 上記①と同じGoogleアカウントでGoogle Sheetsを開き、メニューバーから「拡張機能」をクリック、「GPT for Sheets™ and Docs™」にマウスを合わせ、「Launch and Enable functions」を選択

⑥「Enter your OpenAI API key」と求められるので、③でコピーしたKeyを貼り付ける

このとき、いくつかの条件を満たさなければ機能しません（拡張機能は起動するがデータは表示されない）。特に①のChatGPTへのログインとGoogleスプレッドシートへのログインを別のアカウントでしていることが原因の場合が多いので、注意してください。

項目と関数を入れるだけ

これで、ChatGPTが自動で情報を収集してくれます。あとは簡単、**行と列に調べたい項目を言葉で入力し、セルに下記の関数を入れるだけ**です。

「=GPT（行項目のセル , 列項目のセル）」
例：下記のシートで「北海道の総面積」の場合「=GPT（B4,C3）」

3:Billing overview
（英語）
https://platform.openai.com/account/billing/overview

4:GPT for Sheets™ and Docs™
（英語）
https://workspace.google.com/marketplace/app/gpt_for_sheets_and_docs/677318054654

	A	B	C	D
1				
2				
3		都道府県	総面積	県庁所在地
4		北海道	北海道の総面積は約 83,453 km² です。	札幌市

ただし、サンプルからもわかるように、正確性はまだまだ実用に耐えるレベルではありませんでした。探す内容によりますが、エラーになったり、内容が間違っていたり、同じ言葉が繰り返されたりすることもあります。今後の進化に期待ですが、ひと通りの入力をしてくれた上で確認すればいいので、現段階でも効率化に繋がるでしょう。

ここがずるい！

- 項目を指定するだけで勝手に情報が集まる
- 自分でやるより圧倒的に早く済む
- たくさんの調べ事がストレスではなくなる

ずるい検索 13

ネット上で更新されるデータを自動引用する

ネット上にあるさまざまな情報。調べても、しばらく経ったら更新されていることもあります。そうした表やリストを随時自動で更新してくれる方法を紹介します。英語のサイトから集めた情報を自動翻訳することも可能です。

こんなときに役立つ！

- ネット上の表やリストを引用したいとき
- ネット上で更新されるデータを自動で集めたいとき
- ネット上の表やリストを使いやすいように加工したいとき

Google独自の関数

インターネットによって、ウェブ上でさまざまなデータを確認できるようになりました。たくさんの情報がリアルタイムで更新され続けています。

しかし、それらを常に確認するのは大変です。また、自分が見たいように加工もできません。

雇用統計、物価、株価など、頻繁に更新されるデータを自動で収集し、自分が見たいように行や列を加工する。Google Sheetsを使いこなせば、そんなことも可能です。

Google Sheetsには、Google独自の関数があります。

まず、「IMPORTHTML関数」を使い、ウェブサイト上の表をスプレッドシート上に取り込むことができます。

次の関数を、任意のセルに入力します。

「=IMPORTHTML("URL"," クエリ ", 指数)」
- **URL：対象のウェブサイトの URL**
- **クエリ：「table」（表）か「list」（箇条書き）かの指定**
- **指数：該当ページの上から何番目のデータかの指定**

例えば私のブログ記事[※1]についての表をスプレッドシートに作成するとします。上から1番目の表です。

この場合、次のように関数を入れます。

「=IMPORTHTML("https://ejtter.com/300120238743/","table",1)」

下記が、その結果です。実際のスプレッドシート[※2]を共有しますので、参考にしてください。

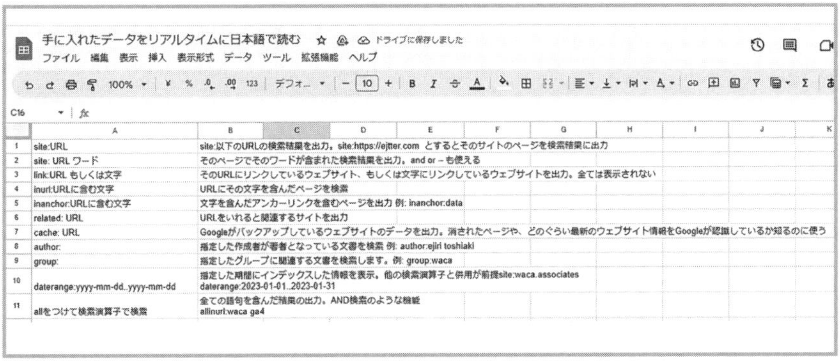

	A	B
1	site:URL	site:以下のURLの検索結果を出力。site:https://ejtter.com とするとそのサイトのページを検索結果に出力
2	site: URL ワード	そのページでそのワードが含まれた検索結果を出力。and or – も使える
3	link:URL もしくは文字	そのURLにリンクしているウェブサイト、もしくは文字にリンクしているウェブサイトを出力。全ては表示されない
4	inurl:URLに含む文字	URLにその文字を含んだページを検索
5	inanchor:URLに含む文字	文字を含んだアンカーリンクを含むページを出力 例: inanchor:data
6	related: URL	URLをいれると関連するサイトを出力
7	cache: URL	Googleがバックアップしているウェブサイトのデータを出力。消されたページや、どのぐらい最新のウェブサイト情報をGoogleが認識しているか知るのに使う
8	author:	指定した作成者が著者となっている文書を検索 例: author:ejiri toshiaki
9	group:	指定したグループに関連する文書を検索します。例: group:waca
10	daterange:yyyy-mm-dd..yyyy-mm-dd	指定した期間にインデックスした情報を表示。他の検索演算子と併用が前提site:waca.associates daterange:2023-01-01..2023-01-31
11	allをつけて検索演算子で検索	全ての語句を含んだ結果の出力。AND検索のような機能 allinurl:waca ga4

こうして一度表を作っておけば、サイト上のデータが更新されてもリアルタ

1: ブログ記事
https://ejtter.com/300120238743/

2: サンプル
https://onl.la/pTEVShF

イムに更新されます。ただ、この表を直接加工してしまうと、エラーになります。加工したい場合は、そのセルを参照する別表を作りましょう。

英語のデータの翻訳も自動でできる

「ずるい検索01」で触れた通り、世の中のコンテンツは日本語より英語のもののほうが圧倒的に多くなっています。**英語のデータを手に入れることで、多様な情報に触れることができます**。

情報の公開も進んでおり、例えば米国政府のウェブサイトのログデータや雇用統計などの情報は誰でも見ることができます。これらの情報を日本語で翻訳するとわかりやすくなります。

以下の説明は少しややこしいので、ここでも実際のスプレッドシートを参考にしながら読んでみてください。

ここでは、米国都市部の消費者物価指数を抽出してみます。「U.S.Bureau Of Labor Statistics※3」というページに掲載されている、一番上の表です。

まず、スプレッドシートに、下記のように入れます。

「=IMPORTHTML("https://www.bls.gov/news.release/cpi.nr0.htm","table",1)」

これで表のデータを抽出できます※4。

次に別のシートに日本語の翻訳をします。

ここでもGoogle Sheetsだけで使える関数を活用します。

「GOOGLETRANSLATE」という関数を入れると、Google翻訳の機能を

3:U.S.Bureau Of Labor Statistics
（英語）
https://www.bls.gov/news.release/cpi.nr0.htm

4: サンプル
https://onl.la/VS9WgW6

使って元の言語から任意の言語に翻訳できます。

「=GOOGLETRANSLATE(※ ,″en″,″ja″))」
※＝翻訳するセル

ただ、困ったことが2つあります。

1つ目は、空白のセルを対象にすると、エラーになってしまうこと。もう1つは数字を翻訳すると「4」を「Four」など、文字にしてしまうことです。

そこで、空白セルや数字のセルを無視して翻訳する関数を作ります。

「=if(※ =″″, ″″,if(isnumber (※), ※ ,(GOOGLETRANSLATE(※ ,″en″,″ja″))))」
※＝翻訳するセル

これを全セルに適用すると完成[※5]です。いつでもこのシートを見れば、最新の情報が表示されます。データをいちいち検索し、データを書き写し、日本語に翻訳する手間が一気になくなります。

また、上記の関数の「en」と「ja」を逆にすれば、日本政府の統計データを英語に翻訳するといったように、日本語を英語に翻訳することもできます。

ここがずるい！

- **一度スプレッドシートを作れば勝手に更新される**
- **英語のサイトも日本語でチェックできる**
- **調べた情報を資料などに簡単に引用できる**

5: サンプル
https://onl.la/EfJxFpk

マーケティングリサーチャーに聞く「AI時代の仮説構築力」

本書の制作に当たり、最初にインタビューの機会をいただけたのは萩原雅之氏です。

萩原氏はマーケティングリサーチ業界で40年近く仕事をされているベテランです。一方で、著作やメディアへの寄稿を通して古いマーケティングリサーチ業界に変革の提言を行ったり、Facebookで仕事とはまったく関係のない小説やエンターテイメントを紹介したりするなどの柔軟さがあります。

情報発信において実践的な議論とオープンマインドな関心をどのように両立しているのかを知るため、お話を伺いました。

萩原雅之（はぎはら・まさし）

マーケティングリサーチャー。東京大学教育学部卒業後、日経リサーチ入社、リクルートリサーチ、ネットレイティングス（現ニールセンデジタル）代表取締役社長を経て、現在トランスコスモス・アナリティクス取締役エグゼクティブフェロー。青山ビジネススクールと早稲田大学ビジネススクールで「マーケティングリサーチ」講師も務める。

ミドルメディアのRSSによる情報収集

私は、「Netvibes[※1]」というフランス企業のRSSリーダーを使って情報収集しています。

そこでは、一般的なニュースメディアではなく、ミドルメディアと呼ばれる、マスメディア記事やソーシャルメディアの話題が集約される「はてなブックマーク[※2]」「2ちゃんねるニュース速報＋ナビ[※3]」「Togetter[※4]」「Yahoo!ニュース」などを登録、閲覧しています。

1:Netvibes
（英語）
https://www.netvibes.com/en

2: はてなブックマーク
https://b.hatena.ne.jp/

3:2 ちゃんねるニュース速報＋ナビ
https://www.2nn.jp/

4:Togetter
https://togetter.com/

日常的に「日本経済新聞」や「東洋経済」などのメディアは目を通していますが、それだけでは目に付きにくい情報もあります。人々の話題になっているような事柄や人々の反応をいち早く知るために、そうした記事が自然に上位に上がってくるミドルメディアは最適です。一般的なビジネスメディアが取り上げていなくても、興味深い記事が自然に目に付くことになります。

3つの分析視点と変数関係で見る情報解釈

マーケティングリサーチャーとしてさまざまな統計や調査データと向き合っていますが、分析の基本は「TBS（Trend、Benchmark、Segment）」だと考えています。Trend（トレンド）は変化や流行の方向性を、Benchmark（ベンチマーク）は、競合や目標や計画となる基準との比較です。また、Segment（セグメント）は、市場や顧客をいくつかのグループや視点で分けて考える発想です。

次の段階では、2つの変数（例えば「年齢」と「満足度」など、ある指標と別の指標）の関係を見ていきます。ビジネスで活用できるのは、「クロス集計」や「相関分析」です。「クロス集計」は属性別の違いや、アンケート調査で質問間の関係を見るのに使います。「相関分析」は、2変量の関連の強さを数量化する手法で、例えば広告費と売上の関係や気温と来店者数の関係などを評価することができ、ビジネス上のさまざまな目的に使われています。

より複雑な分析には「多変量解析」が使われますが、目的は「要約」もしくは「予測」です。因子分析やクラスター分析で複雑なデータや情報を理解しやすいように要約することや、重回帰分析で過去のデータ傾向に基づいて、今後を予測することが大事です。データは理解できるレベルに要約し、予測に活用することで意味を持つのです。

またこれまでは、分析の前に仮説を立てそれを検証することが大切だと言われてきました。しかしビッグデータと機械学習の普及によって、因果関係がはっきりしない大量のデータでも思いがけない相関がわかったりします。イノベーションの時代には、データで仮説検証や因果関係を明らかにするだけではなく、データから仮説を発見する洞察力も求められると思います。

ずるい検索 14

怪しい情報を見極める

ソーシャルメディアやインターネットでは、誰でも自由に発信することができます。便利ではありますが、間違った情報や、意図的に騙す情報も発信されています。どのように見分ければいいか、考えてみましょう。

こんなときに役立つ！

- 真偽の怪しい情報を知ったとき
- 人によって違う意見を発信しててどれが近いかわからないとき
- 「このメール、詐欺かな？」と思ったとき

本人も本当だと信じて発信する情報

間違った情報には2種類あります。

1つ目は、本人も正しいと信じている間違った情報です。これは、周辺情報を確認する必要があります。

例えば東日本大震災のとき、化学工場が爆発して有害物質を含んだ雨が降るという情報が流れました。これは間違った情報です。化学工場での事故そのものは実際に起きていたのですが、「有害物質を含んだ雨が降る」ということについて、実際はそのような事態にはなっていなかったものの、「そうかもしれない」という情報が「そうに違いない」と変化し、デマに発展しました。

これは「気をつけてほしい」「危険性を伝えたい」という善意から拡散された情報でしょう。しかし受け取る立場から考えれば、実質的には困った情報でしかありません。

まずは**当事者として、事実以上のことは伝えない**ようにする意識が大事です。加えて、自分がそのような情報を知ったときは以下の方法で検証しましょう。

①一次情報の検索

「一次情報」の定義はさまざまですが、公的機関から発信された情報や、その情報を最初に発信した人からの情報だと言えるでしょう。

真偽が疑われる情報があれば、そこで使われている文章や画像で検索します。あるいは、ネットニュースやソーシャルメディアの信用できる情報には、一次情報のリンクが付いていることが多いです。一次情報が見つかり、改変や曲解がないようであれば、信頼できる情報だと言えます。

②ほかの発信を探す

その情報が事実であれば、ほかにも発信しているだろう情報源を探します。

例えば災害についての情報であれば、地元の消防などが公開しているはずです。あるいは、地元の人がその情報をもとに避難行動や対策を講じているような発信もあるでしょう。

③その情報の信憑性を確認する

情報発信者がその情報を知り得るのか、正確な情報を発信できる人物なのかを考えます。

まず、その人が過去に発信している情報やプロフィールを見ます。真偽が疑われる発信の内容に関係する人かどうか、過去に発信している情報が信憑性のあるものかを確認します。過去の発信がまったく違う分野のものであれば、怪しい情報だと判断できます。

・・・・・・・ 本人が騙す意図を持って発信する情報

より困った情報は、騙す意図を持って流された間違った情報です。

以前、あるソーシャルメディアで「日本経済新聞」の記事に見せかけたフェイクニュースが配信されたことがあります。貼られたリンク先も本物のサイトにそっくりでした。

怪しい情報に出会ったとき、まず気をつけたいのは、ドメインです。この例で言えば、ドメインを見ると明らかに日経新聞ではないとわかるものでした。

これはメールやショートメッセージのスパムでも同様です。高額な副業教材の紹介や宝くじの当選連絡など、その内容を疑うときはまずメールアドレスを確認しましょう。

一見、Amazonや楽天のような企業から配信しているように見えて、**ドメインが「us（アメリカ）」や「cn（中国）」など海外のものだったり、「amazonxx.co.jp」のように別の文字が含まれていたりする（正しくはamazon.co.jp）**ことがあります。

また、怪しいメールの場合、同じ文面で何人にも配信をしているはずです。Googleやソーシャルメディアでメールタイトルを検索すると、**同じようなメールを受信した人の情報を確認する**ことができます。

加えて、サジェストも見ておきましょう。「○○　高い」とか「○○　詐欺」のようなネガティブなワードが出てくるようであれば、そのワードも含めて検索しましょう。

このように、組織が営利目的で騙すこともあれば、個人が騙したいだけで情報を捏造（ねつぞう）することがあります。

2016年の熊本地震の際、「動物園からライオンが逃げた」というデマ情報が拡散されたことがあります。ライオンが市街地を歩く画像も添えられたもので、発信者は逮捕されています。

つい「みんなに知らせなければ」とリツイートしがちですが、まず事実確認をしましょう。このケースでは、Google 画像検索（「ずるい検索07」参照）が役に立ちます。この例では、別の国で起きた事件の画像だったようです。

……「詐欺かな？」と思ったら

以前、ソーシャルメディアに「3日でシミが消えた！」と謳う美容品の動画広告がありました。しかし、実際にその商品のサイトを調べてみると、広告で謳われているようなことは一切書かれていませんでした。

このような例では、**商品を買う前にウェブサイトで検索し、本当にその効能効果があるかを調べる**とわかるはずです。Amaozonなどの薬機法の監視が厳しい環境では、偽りの効果効能は掲載できません。虚偽の口コミがされている場合もありますが、たとえ評価がよかったとしても「シミが消えた」ではなく「塗り心地がよかった」というような一般的な評価にとどまっていることが多いと言えます。

ほかにも、一見してわかるスパムメールや、詐欺的なウェブサイトがあります。明らかに文章がおかしく、**「こんなものに引っ掛かる人がいるのか」と思われるかもしれませんが、意図的な手法**です。

発信者は、おかしなウェブサイトやメールで騙されるような人、いわば情報弱者を相手にしています。情報リテラシーの高い人が詐欺に遭えば追求や反撃を受けてしまうため、あえてレベルを下げて情報を送っているのです。

以前は、検索エンジンで上位に表示される広告やウェブサイトにも、このような詐欺広告がありました。Googleが厳しく取り締まった結果、いまはあまり見かけなくなりましたが、ほかのメディアではまだまだ虚偽の宣伝が数多くあります。特にソーシャルメディア広告や動画広告はターゲットを限定できる上にすぐに消えてしまうため、審査や検証がしづらく、虚偽広告の温床となっています。

見え透いた詐欺を見つけたら、周りのために発信し、ほかの人が攻撃されないよう情報共有をお願いします。しっかりとインターネット上で否定をしてください。

……判断に迷う場合は自分で確認する

ただし、**怪しく見える情報がすべて嘘だとは限りません**。最後は自分で確認することです。

東日本大震災の翌年にボランティアをしていたとき、ある人から1通のメールをいただきました。

「○○（地域名）で水道が止まり、2000万円程度の費用が必要だが高齢者が多く、資金の工面が難しいので寄付をしてほしい」

メッセージと併せて、振り込み口座も書かれていました。その方は信頼できる相手だったのですが、ウェブサイトを調べてもどこにもその情報がありません。水道は自治体で修理するはずのもので、負担があるというのも不思議な話です。

でも本当なら生活に必要な水の確保に困っていることになります。そこで直接行ってみると、本当に水が止まっていました。私設水道であり、特別に市役所でも補助はするけれど、全額は難しいということでした。

そこで私たちはウェブサイトを立ち上げて募金や水の支援をお願いし、水道を無事引くことができました。

事実を確かめることの大切さとしてもう1つ。

震災時、いわき市長に対して「国外に逃亡した」などという情報が拡散されました。当然ながらそんな事実はなかったので、関係者は特に対策を取らずにいました。しかしその結果、市長の名前で検索すると「国外逃亡」のようなサジェストが出るようになってしまいました。そこで関係者からご相談をいただきましたが、タイミングが遅過ぎました。

インターネットはほとんどの人にとって最も身近なメディアです。**ネット上で間違った情報が伝わっているままにしていると、事実無根でも悪影響が及んでしまいます**。このことにも気をつけておいてください。

ここがずるい！

- **デマに惑わされず行動できる**
- **詐欺広告を見極めることができる**
- **スパムメールに騙されないようになる**

業界で信頼されるメルマガ発信者に聞く「情報の見分け方」

名古屋を中心に地方のウェブ運用を支援する「運営堂」という会社があります。その代表の森野誠之氏が発信するメルマガ「毎日堂」は、平日の毎日、10年以上もの間発行され、たくさんのユーザーから支持されています。

最近AIによる情報収集の簡略化が注目されていますが、毎日の情報収集で得た知識を発信している「毎日堂」の記事は、AIには作れない、人間ならではの発想だと感じます。たくさんの情報の中から「視点の違う記事」を取り上げることで、ほかとは違う「独自の価値」を生み出しています。

また、このメルマガはウェブ業界で「情報の精度が高く信頼できる情報元」として知られています。

ウェブ上に横行するフェイクニュースを安易に信用し、間違った情報を発信してしまうことは、信頼を失い大きな損害をもたらす恐れもあります。起こり得るリスクを回避するためにも、信頼できる情報を見極めることは重要です。そこで「信頼できる情報」について、森野氏にお話を伺いました。

森野誠之（もりの・せいじ）

岐阜大学大学院卒業。Web制作の営業など数社を経て2006年に独立後、名古屋を中心に地方のWeb運用を支援する業務に取り組む運営堂を設立、現在も代表を務める。Google アナリティクスなどのアクセス解析を活用したサイト改善支援に限らず、企業全体のマーケティングから社員育成まで幅広くサポートしている。アナリティクスアソシエーションセミナー編成委員も兼務。徳島ヴォルティスが好き。

信頼できる「発信者」を見極める

Google検索ではアフィリエイトや広告運用の上手な記事が上位に表示されます。あらかじめ検索する物事についての知識がなければ、見分けることは難しく、商売目的の間違った情報が上位表示されていても、検索初心者の方は信用してしまいがちです。

騙されない情報収集の基本は、検索をする前に基礎的な知識を身に付けることです。情報取集が苦手な方は、欲しい情報の専門書を読むなど、あらかじめ知識を身に付けてから検索をすることが重要です。

ウェブ検索では、「Googleヘルプ[※1]」などのサービス提供者の公式情報や、企業の公式ページ・メルマガなどが信用できる情報源となります。

また、ウェブ上の不確かな情報に騙されないためには、間違った情報の「発信者」の見極めも必要です。検索上位に表示されている記事は、発信者の過去の記事やソーシャルメディアを確認し、信用できる発信源かどうかの見極めをします。

ポイントとして、それまで違う内容について発信していたのに、1つの記事がバズってからそのバズ投稿に関連するさまざまな記事を発信している場合は、あまり参考にしないほうがいいでしょう。対照的に、1つの業界で継続して発信し続けている人の情報は信憑性があると言えます。

同じ分野のたくさんの情報を見て精度を上げる

ブログ記事やサイトなどから信頼できる情報源を見つけたら、RSSリーダー（「ずるい検索09」参照）を使用することで情報収集の効率は格段にアップします。

また、「Googleアラート[※2]」で登録したキーワードで新しいページが作られたら知らせてくれる機能があるので、活用すると、注目しているキーワードに

1:Google ヘルプ
https://support.google.com/?hl=ja

2:Google アラート
https://www.google.co.jp/alerts

ついての情報をいち早く得ることができます（「ずるい検索11」参照）。

同じ話題についてのたくさんの情報を見ることで、情報収集の精度を上げることが可能となります。また、決まった情報源を見続けることで、定点観測ができるようになり、業界の流れもわかってきます。

第3章

「ソーシャルメディア」の力を最大限に活用する

ずるい検索 15

Twitterでリアルタイムの情報を集める

Twitterは情報発信のためのツールとしての印象が強いですが、使い方次第で有用な検索ツールにもなります。特に、新鮮な情報を集めるのには最適です。効果的なTwitterでの情報収集について紹介します。

こんなときに役立つ！

・Twitter で話題になっていることを知りたいとき
・ニュースではわからない新鮮な情報を知りたいとき
・災害時など「現場の人」からの情報を知りたいとき

……リアルタイムな情報収集に有効

ソーシャルメディアと聞くと、Twitterを想像する人も多いでしょう。しかし運営側は以前、「Twitterはソーシャル・ネットワーキング・サービスではなく、インタレスト（興味）・ネットワーキング・サービスです」という主旨の発言をしています。また、Twitter Japan社も「ネットワークサービスではなく、いま起きていることを知る場、ニュースメディアに近い場」といった旨の表現をしています。

これらの通り、Twitterは情報収集ツールとしても大いに役立ちます。何より**通常の検索エンジンと比べてリアルタイムな内容を検索できます**。

私は東北で生まれました。東日本大震災のとき、ボランティアで避難所に物資を運ぶ上で「何を」「どこに」運べばいいか、情報を伝えてくれたのは、市役所でもボランティア支援団体でもウェブでも電話でもなく、Twitterでした。

Twitterで被災地にいるアカウントを調べると、避難所にいる方が不足物資について投稿していました。そのアカウントにDMを送り、状況を確認して物資を持っていきました。食料だけではなく、ポリタンクや書籍、文房具など。これらはリアルな情報がなければわからなかったことです。

このように、Twitterは最新の情報を収集するための有用な情報源であると言えます。

とはいえ、Googleのように検索に最適化されているわけではないので、求める情報を引き出すのが難しいこともあります。そこで、Twitterでの効率的な検索方法を紹介します。

・・・・・・ Twitterでの検索のコツ

スマホ用アプリではなく、ブラウザで「twitter.com」を見ると、キーワード検索右の「…」に**「高度な検索」**があります。こちらを使うと、**特定のアカウントを指定したり、発言期間を指定したりすることができます**。

また、TwitterではGoogleと同様、検索演算子を使うこともできます。こちらを使えばより細かい情報を探すことができます。

リアルタイムの情報を知るためには、Twitterが何より便利です。ぜひ、活用してみてください。

※検索演算子はすべて半角です。

※検索演算子の前後には半角スペースを入れてください。ただし「-」についてはその後に半角スペースを入れずに検索してください。また、「:」を付けて使うものはその後に半角スペースを入れずに検索してください。

演算子	説明	例
AND（または）+	前後両方の言葉を含む投稿を出力。通常は入力不要だが、別の演算子を組み合わせるときは必要	ラーメン AND 東京都
OR	前後どちらか一方に当てはまる投稿を出力	iPhone OR アンドロイド
-	「A -B」で「Aの検索結果のなかでBを含まない」投稿を出力	スマートフォン -iPhone
""	「"A B"」でABと完全一致（単語も順番も同じ）する言葉を含む投稿を出力	"iPhone アプリ"
#	指定のハッシュタグを含む投稿を出力	#olympics
from:	指定のアカウントの投稿を出力	from:ejiri
@	指定のアカウントに関する投稿を出力	@ejiri
to:	指定のアカウント宛の投稿を出力	to:ejiri
filter:images	指定の単語に関する、画像が含まれた投稿のみを出力	data filter:images ecnomic
filter:native_video	指定の単語に関する、ビデオやVineなどを含む投稿のみを出力	news filter:native_video
filter:media	指定の単語に関する、画像やビデオを含む投稿のみを出力	nasdaq filter:media
filter:links	指定の単語に関する、リンクを含む投稿のみを出力	割引 filter:links
filter:retweets	指定の単語に対するリツイートを除いた投稿を出力	キャンペーン filter:retweets
filter:safe	指定の単語に関する安全な投稿のみを出力	dogs filter:safe

演算子	説明	例
since:	指定の単語を含み、指定の期間以降に投稿された投稿を出力	since:2023-01-01 企業名 株価
until:	指定の単語を含み、指定の期間より前に投稿された投稿を出力	until:2023-01-01 企業名 株価
:)	指定の単語とポジティブなキーワードを含む稿を出力	企業名 :)
:(	指定の単語とネガティブなキーワードを含む投稿を出力	企業名 :(

本当に緊急な状況では、プロの記者がしっかりまとめた情報ではなく、Twitterに流れているような情報が必要です。一方で、**Twitterはユーザーが書いたものであり、クオリティの担保はありません**。内容が間違っていたり誤解や偏見が入っていたりする可能性があることを忘れてはいけません。素早く集めた情報の中から正しい情報を見つけていくことが必要です。

ここがずるい！

- **より便利にTwitterで情報を集められる**
- **「いま起こっていること」がすぐにわかる**
- **知りたい投稿をすぐに探し出せる**

ずるい検索 16

Twitterで顧客とやり取りをする

Twitterは拡散力の高いツールで、ユーザー同士のコミュニケーションにも便利です。また、「ずるい検索15」で説明したように、検索性にも優れています。こうした特性を生かして、マーケティングにも活用できます。

こんなときに役立つ！

- 自社についてTwitterで拡散したいとき
- ターゲットを絞って発信したいとき
- 顧客とやり取りをしたいとき

Twitterはマーケティングにも使える

Twitterでは企業やサービスについての発信をすることもできますし、プロモーションツイートとして発信し、より多くの人に知ってもらうこともできます。そこでできたフォロワーをリスト化し、ターゲットを絞って発信することも可能です。

また、見込み客のフォローをしたりリツイートをしたりすることで、関係性を深くすることもお勧めです。加えて、リツイートをしたらプレゼントやクーポンを渡すなど、拡散に協力してくれたユーザーにインセンティブを与えることも有効です。

このように、Twitterを使ったマーケティングにはさまざまな方法があります。それだけを扱った書籍もあるくらいで、本書では詳しくは扱いませんが、少し変わった使い方と、ビジネスでのTwitter運用における注意点についてお話しします。

自社に関連するツイートをしている人と繋がる

Twitterは、特定の言葉を含むツイートを調べることができます。自社や商品、サービスに関わる言葉で検索すれば、そのツイートをしているユーザーがわかります。その人たちをフォローしたり、コメントやリツイートしたりすることで関係性を強めることができます。

また、そうした人に、情報提供をすることで顧客満足度を高めることもできます。

ある百貨店では、店舗名を含む言葉をツイートしているアカウントを調べて、顧客の探し物や欲しいものに関するツイートがあると、その商品がどのフロアにあるかをツイートで回答しています。ユーザーの買い物を支援することができますし、それを見た別のユーザーに便利さを知らせることもできます。

自社や商品について投稿しているということは、自社について興味を持ってくれているということです。そうしたユーザーに直接アプローチできるということは、極めて効率の高いマーケティングになります。

売り込み色が強いと嫌われる

Twitterでは、タイムライン上でどんどん情報が流れていきます。ほかのソーシャルメディアでは投稿が多過ぎるとユーザーから嫌われてしまいますが、Twitterの場合は気にせず頻繁に投稿しましょう。

とはいっても、売り込みばかりのツイートは嫌われてしまいます。Twitterは**匿名で発信できるツールなので、すぐにネガティブな反応が拡散**されてしまいます。売り込もうとした結果がブランドの価値を下げることにもなりかねません。

発信する内容は、売り込み色を減らすことが大事です。また、自分たちのアカウントに対するネガティブな投稿があったり、インプレッションが落ちてきたりしたら、すぐ次のコンテンツに切り替えるなど、臨機応変な対応が大事です。

私が「ウェブ解析士協会」を立ち上げてメルマガ広告を発信したとき、Twitter上での反応は決していいものばかりではありませんでした。批判もあり、なかには詐欺とする発言すらありました。

それらの発言に対して、1つひとつ丁寧に対応しました。「うさんくさい資格だ！」と書かれたら「まだできたばかりなので申し訳ございません。名前ばかりではない資格にする所存なので、ご指導よろしくお願いします」というように、決して相手を否定しないトーンで返答をします。すると、ネガティブな発言は続かなくなりました。

反論をすれば議論を呼び、下手すれば炎上に繋がります。いわれのないことを批判されれば腹も立ちますが、ソーシャルメディア上ではこうした危険と常に隣り合わせです。無用な火種をつくらないために、努めて丁寧な対応を心掛けましょう。

ここがずるい！

- **自社に興味を持つ人を知ることができる**
- **協力してくれた人にお礼ができる**
- **顧客との関係性を築くことができる**

ずるい検索
17

Instagramで顧客の生の声を知る

Instagramは画像や映像に特化したソーシャルメディアとして人気ですが、特に若年層の間では検索ツールの主流になりつつあります。Instagramならではの特性を生かした情報収集について、お話しします。

こんなときに役立つ！

- 消費者のニーズを知りたいとき
- 自社の本当の評判を知りたいとき
- お店や企業のリアルな感想を知りたいとき

本当に人気のある投稿が上位表示される

Instagramでの検索のメリットとして、まずは**検索エンジンに比べてSEOなどの影響が少ない**ことです。

Instagramで上位表示されるには、一定以上のユーザーからのアクセスと「いいね」や「コメント」などのリアクションを獲得する必要があります。フォロワーが多いというだけでは「人気投稿」には選ばれません。

検索でヒットさせたい単語の前に付けるハッシュタグや位置情報を示すジオタグによって多少SEOの影響はありますが、基本はユーザーからのリアクションの多い情報が常に更新されていると考えていいでしょう。**上位表示されるということは、リアルにユーザーに受けている投稿**だと認識できます。

また、Instagramでは広告も多く投稿されますが、広告投稿とユーザーの投稿を明確に区別しています。そのため、見たくない広告は無視できます。

それに、Instagramのアルゴリズムは、ユーザーのエンゲージメントを重視しています。ユーザーによる評価がより重視されるため、広告主によって表示順位が操作されることはありません。上位表示される広告は、それだけユーザーからの評価が高いということになります。

……消費者のリアルな声を知ることができる

Instagram検索の最大のメリットは、「リアルな声」を聞けることです。

例えば「海鮮丼」のお店を探すとします。検索エンジンで調べればGoogleマップや「食べログ」のようなサイトが並びます。しかし、その写真はお店側が撮影したものです。お店で頼んでみたら思っていた内容と違っていたり、少なかったり、見た目が悪かったりすることもあります。

その点、Instagramではユーザーの写真が中心です。最新の写真もあり、その雰囲気と近いものが出てきます。店の内観や外観もわかりますし、テキストでお店の雰囲気を伝えてくれる投稿もあります。

何より、**実際にそのお店に行った人の生の感想を知ることができます**。広告とは違い、利害関係のない人の意見なので、信頼度の高い情報と言えるでしょう。また、**ビジネスをしている側からすれば、本当の評判がわかる**ということでもあります。顧客の意見をしっかりと捉え、改善に役立てましょう。

ここがずるい！

- **世の中で本当に人気のあることがわかる**
- **直接聞かなくても顧客のリアルな意見がわかる**
- **お店選びに失敗しない**

ずるい検索 18

Instagramで多くの人に知ってもらう

多くの人が情報収集のために使うInstagram。そこで露出を増やすことができれば、自社や商品について拡散させることができます。いろいろな業界で、Instagramの特徴を生かしたマーケティングが増えています。

こんなときに役立つ！

- Instagramのトレンドを知りたいとき
- Instagramで人気のアカウントを参考にしたいとき
- Instagramで自社をアピールしたいとき

人気のアカウントを分析するツール

人気のアカウントを分析して、自社のアカウント運営の参考にしましょう。そのためのツールを紹介します。

■ Social Insight ※1

ソーシャルメディアの、アカウントごとの傾向を分析できるツールです。有料のツール（無料トライアルあり）ですが、フォロワーや投稿、エンゲージメントなどの傾向を把握することによって、適格なターゲット層を理解し、多くのユーザーにアプローチできます。

■ instatool ※2

使いやすい無料のInstagram用マーケティングツールです。機能がわかりや

1:Social Insight
https://sns.userlocal.jp/analytics/instagram/

2:Instatool
https://instatool.nu/

すく整理されており、直感的に操作しやすく、複数のアカウントを管理できます。

人気が高まっているハッシュタグや、ユーザーを知ることができます。なかでも、人気のハッシュタグを付けて投稿しているユーザーの検索機能が特徴的です。自分も同様のハッシュタグを付けて投稿することで、フォローバックを期待できます。

■ハシュレコ※3

無料で人気のハッシュタグを探すことができ、そのハッシュタグを使った投稿も確認ができます。

人気のハッシュタグを参考にして、ユーザーが興味を持つ内容にフォーカスした商品やサービスのアピールに活用できます。

……競合分析から自社の強みを見つける

これらのツールを活用することで、人気のアカウントやハッシュタグを分析し、自分のアカウントの改善点を導き出すことができます。

競合他社のアカウントを比較分析すれば、自社アカウントの強みや課題を明確化できるでしょう。あるいはハッシュタグ分析を行うことで、自社アカウントのハッシュタグ戦略を検討することができます。

自社のビジネスに関わる分野の投稿を分析すれば、ユーザーのニーズに合った自社の商品の改善やサービスの効果的なキャンペーンの打ち出しに生かすこともできます。より効果的なマーケティング戦略を構築するため、Instagramを役立てましょう。

3: ハシュレコ
https://hashreco.ai-sta.com/

ここがずるい！

- 他社のいいところを真似できる
- 他社にバレずに他社を分析できる
- 他社との比較で自社の強みがわかる

ずるい検索 19

TikTokを自分だけの検索ツールにする

近年、動画コンテンツは情報の収集源、発信源として大きな役割を占めています。そのなかでもショート動画を普及させたTikTokは大きな存在感を持つようになっています。その特徴を知り、活用できるようにしましょう。

こんなときに役立つ！

- いま話題になっていることを知りたいとき
- 短時間で情報収集したいとき
- 特定のジャンルに関して詳しくなりたいとき

エンタメだけのプラットフォームではない

TikTokでの投稿は、以前はダンスなどエンタメ系の動画が多数でしたが、最近はノウハウやビジネス系のコンテンツも増え、仕事での情報源としても活用できるメディアになっています。

TikTokも含めたショート動画のメリットは、**短い時間でどの情報が必要かを取捨選択できる**ところです。作成工数も少なく、ニュースなどの即時性を求められる情報も多く発信されています。特に投資の情報や新しいテクノロジーなどの情報は、テレビやYouTubeより発信が早い傾向があります。

またアカウントによってはほかのウェブサイトや商品ページにリンクしていることもあります。

・・・・・・・ レコメンド機能に優れている

TikTokのレコメンドには、「フォロー中」と「おすすめ」のタブがあります。前者はフォローしたアカウントの投稿だけが配信され、後者では視聴をしている動画の傾向から、ユーザーが興味を持ちそうな動画を自動で選んでくれます。検索をする手間をかけなくても、どんどん自分が欲しい情報が紹介されるようになります。

上級ウェブ解析士の積高之氏は、この特徴を逆手に取って欲しい情報を効率的に収集できるようにしています。

TikTokの「おすすめ」が自分に最適化されているということは、**「自分が興味のあること」の「最新情報を得る」ことに特化した情報源**となり得ます。

例えば「ChatGPT」について知りたいとします。まずハッシュタグなどで検索し、「この投稿がいい」と感じたアカウントをフォローして投稿を最初から見ます。すると関連した投稿が「おすすめ」にも表示されるようになるので、そちらも見ていきます。どちらも最後まで視聴することで、TikTokに学習させます。

これを繰り返すと、次第に「おすすめ」が対象とする投稿で埋まっていきます。そこでも、気になった人をフォローします。ある程度それが進むと、「フォロー」も探しているテーマの投稿ばかりになります。こうしてTikTokは探しているテーマの最新情報が流れる情報源となります。

ここがずるい！

- **欲しい情報をすぐに見極められる**
- **スキマ時間で情報収集できる**
- **自分だけの検索ツールが手に入る**

ずるい検索 20

TikTokで世の中のトレンドを知る

TikTokは、注目した瞬間に廃れるようなスピードでトレンドが変わっています。リアルなトレンドをつかむことができればビジネスに有利です。また、自社をトレンドに乗せることができれば、一気に拡散することができます。

こんなときに役立つ！

- TikTokのトレンドを知りたいとき
- 世の中で人気の商品を知りたいとき
- 人気のアカウントを知りたいとき

公式のサイトを活用する

TikTokには、**「TikTok Creative Center※1」（無料）という公式のサイト**があります。ここで、動画を加工するためのエフェクトやフィルター、ビデオのレイアウト、テンプレート、ビデオの撮影・編集・投稿に関するガイドやヒントがあります。

また、TikTok Creative Centerには**「Trend Intelligence※2」（無料）**という情報があります。**人気のハッシュタグ、楽曲、クリエイターなどのビュー数やコメント数、共有数を確認ができます**。

TikTokでは、投稿にハッシュタグを使うことが一般的です。業種と期間を選択すれば、ハッシュタグがどれだけの投稿に使われているのか概算値がわかります。また、音楽とともに動画を投稿することが多いため、音楽のトレンドを把握することが重要です。楽曲のランキングと、どのような動画で使われているか知ることもできます。

1:TikTok Creative Center
https://ads.tiktok.com/business/creativecenter/inspiration/popular/music/pad/ja

2:Trend Intelligence
https://ads.tiktok.com/business/creativecenter/pc/ja?rid=rbucepp9lt&utm_source=1420

加えて、これらの情報から、人気のインフルエンサーを知ることもできます。自社の商品やサービスに合ったインフルエンサーを選定することで、ターゲット層にアプローチすることができます。

それから、**TikTokでよく閲覧されている商品を知ることもできます**。商品カテゴリーごとの人気や、TikTok広告を出している場合の費用対効果、その商品を閲覧しているユーザーの年齢層、ユーザーが興味を持つワードなどもわかります。

一般的な人気を知る方法

TikTokではユーザーに最適化されて投稿が配信されるため、一般的にどんな投稿が人気か知るには不十分です。自分のアカウントで上位表示されていても、違うユーザーには別の動画が表示されています。

ユーザーの嗜好に合ったコンテンツにするには、そのユーザーと同じ環境でTikTokをチェックする必要があります。例えばターゲットが10代であれば、10代のユーザーが動画を見ている状況を再現しなければいけません。

TikTokでは1端末につき5つまでアカウントを増やせます。ターゲットになり切って、あるいはターゲットに近い属性の人に使ってもらって、配信内容を知ることが大事になってきます。

また、地域性も重視されています。日本で発信すれば日本の地域を中心に配信され、海外ではその国の動画が配信されるようになります。違う地域でマーケティングしたい場合は、その地域ごとの端末での閲覧傾向を知る必要があるわけです。

ただ、国ごとのSIMカードを入れた端末を持つと国ごとの閲覧傾向がつかめるという話もありますが、未確認情報です。基本的には発信した地域と近いユーザーが閲覧すると考えていいでしょう。

……TikTokならではのキャンペーン方法

TikTokはほかのソーシャルメディアに比べてフォロワーを獲得しやすく、拡散しやすいメディアです。ただ、成功させるためにはTikTokに合わせたマーケティングが必要です。

ほかのデジタル広告にないTikTokらしいキャンペーン方法としては、**商品やサービスのデモンストレーション**を投稿する方法があります。商品の使用方法や特徴を短い動画で紹介することで、視聴者に商品の魅力を伝えます。

また、**チャレンジやハッシュタグを使ったキャンペーン**も有効です。ユーザーに参加してもらいやすいチャレンジを考えて、そのハッシュタグを使って拡散させましょう。

一例として、マクドナルドは「#ティロリチューン」というチャレンジで、多くの視聴者を獲得しました。マックフライポテトが揚がったときの「ティロリ」の音に合わせて、簡単なダンスをしながら商品を食べる様子を撮影するチャレンジです。最終的には、総再生数1億5000万回、6万5000件のユーザー動画投稿数になっています。

……商品のアピールに意味はない

TikTok広告も、ターゲットを決めて配信数を増やし、露出を高めるにはいい方法です。ここで間違ってはいけないのは、通常の投稿でも広告でも、**「商品そのもの」のアピールにはあまり効果がない**ということです。

検索エンジン広告のように、金額や機能的な特徴を詰め込んで売り込む方法は向いておらず、TikTokユーザーの嗜好に合ったコンテンツを提供することが大事です。**大切なのは「共感」を生むこと**です。相手の気持ちや視点を汲み取り、好感が持てるコンテンツの発信を心掛けましょう。

TikTokでは最初の投稿が大事

TikTokでは、**そのアカウントで最初に投稿すると、ある程度露出するようにTikTok側がコントロールしてくれます**。その動画で継続して見られるなどいい傾向があると、さらに多くの人に露出するというような段階を追って広がっていきます。そのためアカウントで作った最初の動画が重要です。

またTikTokは短い動画を大量に見るといった使い方が主流です。そのためユーザーは1つの動画に長い時間を使いません。最初の数秒でつまらないと判断したら、そこで離脱してしまいます。動画が最後まで、できれば複数回視聴されるようにすることも大事です。

- **最初にタイトルなどで要点を伝える**
- **結論から伝える**
- **最初に目に留まるようなインパクトのある画像や、魅力的な動画を見せる**

TikTokを上手に使うと、商品の宣伝やユーザーを集める手段になります。YouTubeアカウントや商品の販売ページへの誘導をする企業も数多くあります。また、TikTokでも今後広告収益を得られるサービスが予定されています。これらの特徴を生かしてマーケティングに活用していきましょう。

ここがずるい！

- **「ターゲットにウケているもの」がわかる**
- **TikTokならではのプロモーションができる**
- **簡単に効果的な動画を作れる**

アントレプレナーに聞く「世の中を見極める2つの視点」

インターネットが普及して、さまざまな情報が容易に手に入るようになりました。ただ、その結果、不確かな情報が溢れる世の中にもなっています。メディアやソーシャルメディアで政治経済の情報が流れてきますが、どれを信じればいいかわからないと感じる人は多いのではないでしょうか。

今回は、日本のエンジニア人材不足を懸念し、カンボジアに英語でプログラミングを学べる大学 Kirirom Institute of Technology を設立した、猪塚武氏にお話を伺います。

彼はインターネット上の情報検索をほとんど Google で行っているそうです。特殊なツールや情報源を使っているわけではありません。しかし、彼の世界観は独特なものでした。

猪塚 武（いづか・たけし）

東京工業大学大学院理工学研究科卒業後、アクセンチュアを経て、株式会社デジタルフォレスト社を設立・事業売却、カンボジアにて「vKirirom Nature Land」事業をスタート。世界的な起業家組織EO（Entrepreneurs' Organization）の日本支部会長、カンボジア支部ファウンダー、アジアの理事を歴任。現在はキリロムデジタル株式会社代表取締役社長、キリロム工科大学学長兼創設者、A2A Town(Cambodia) Co., Ltd. Presidentを兼務。

物事の背景から「個人」へと視点を落とす

まず、検索結果やニュースなどで本当かどうか怪しく感じることがあったら、その話が広がると影響を受ける産業、得する組織、損する組織を想像します。

例えばアメリカの政治を裏で操る「ディープステート」という人たちがいるというような話を、ソーシャルメディアなどでよく見かけます。これは「アメリカへの政治や経済を信頼し過ぎてはいけない」というメッセージです。

アメリカの内情不安があったら、どの国にとってプラスでしょうか。そのような視点で考えると、すべての動きやニュースには裏で流れている意図を読み解くことができます。

次に、そのような話を発信している個人に目を向けます。Facebookなどのソーシャルメディアや、個人の書いたブログ、記事を調べてみます。そうすると、ある事柄について肯定的な意見や否定的な意見を見つけることができます。両方の視点での意見と、発信している個人の立場を確認します。

例えばディープステートの陰謀について書いている人を探っていくと、ロシアに関係する人が多いことに気付きます。このことから、「ディープステートによる陰謀論はロシアによるアメリカへの情報操作ではないか」と想像することができます。

そして最後に、このような個人に対して直接自分の意見を投げ掛け、聞いてみることです。

例えば台湾と中国の関係について、中国に住む日本人の有識者も台中関係について心配していないタイミングから、私は両国の緊張が高くなると公言していました。それは、東京大学に留学していた中国共産党所属の学生から中国共産党の方針を聞いていたところ、中国共産党は中国を資本主義にしようとはまったく考えていないことや、台湾に対して今後も同じ状況を許すつもりもないことに気付いたからでした。

地球物理学の視点とアクセス解析の視点で世の中を見極める

私は大学院で地球物理学の博士号を断念して、政治の道を志しました。その後アクセス解析ツールの会社を起業、上場寸前にGoogleの参入によって会社を売却しています。

地球物理学は、天体としての地球全体の動きをもとに気象や海洋の活動をモデル化・計算することで、将来起きる天変地異や気候の変動などを予測する研究です。一方で、アクセス解析はウェブサイト上でのユーザーの動き、いつ誰が何を見ているかを測定するツールです。

これらの経験から、私は世の中のトレンドを分析しています。

まず、さまざまな社会問題を地球物理学の視点で見ていると、稀にそのトレンドに逆らって動いていたり、動くスピードがとても速かったりと、特殊な動きをしている人がいます。

そうした人を見つけたら、アクセス解析の視点で細かく観察します。そして近い属性の人と会う機会があれば、直接質問をしてみたり、話をする機会を作ったりします。そうやってネットではわからない、特殊な動きや動きが早い人の考えていること、つまりその人のインサイトを理解し、世の中の本当の動きを見極めています。

ソーシャルメディアの危険

最後に、ソーシャルメディアは、グローバルな視点で規制をしなければ社会を悪い方向に誘導してしまうように思います。ソーシャルメディアのKPIはエンゲージメントです。多くの人に、長く使ってもらうほど、そのソーシャルメディアは価値が高くなります。

そのとき、人々は自分が賛同する内容であれば、多少間違っていたり、行き過ぎた表現だったりしていても、刺激的な内容のほうに関心を持ちます。そのため、ソーシャルメディアでエンゲージメントを高めようとすると、オーディエンスの好みに合った、かつ偏った内容ばかりが露出するようになります。結果として、人々を間違った方向にミスリードしてしまいます。

YouTubeやTikTokなどは動画の視聴時間などからAIが自動的に最適化して、好みの動画を表示するようになります。そうして世界は個人の好みをもとに、ますます分断した社会になってしまいます。自分と違う意見を学ぶ機会が減り、自分と同じような意見を言う人の話ばかりを学び、偏った世界を見て、世界の多くの人が賛成する正義であると誤解をしてしまうようになります。

行き過ぎた最適化に対し、規制やブレーキを掛ける法整備などが必要になりますが、法整備できるのは人です。議会などを通して集団で決めるため、どう考えてもAIにスピードで勝てません。

その結果、偏った意見に基づいた過激な行動が生まれ、戦争や暴動を引き起こすかもしれない。そうした危険な環境に人類はいるということを理解しておくべきです。

ずるい検索 21

YouTubeで効率的に勉強する

YouTubeは、趣味やエンタメを楽しむためのツールというイメージも強いですが、知らない分野の学習には最適なコンテンツの1つです。忙しい毎日のなか、その特徴を最大限に生かして効率的に学びましょう。

こんなときに役立つ！

- **勉強したいけれど本が苦手なとき**
- **手軽に基礎的な知識を知りたいとき**
- **限られた時間で勉強したいとき**

YouTubeは無料で使える最高の教材

世界で最も多く使われる検索エンジンはGoogleです。では、2位は何でしょうか。日本では多くの人がYahoo!を思い出すでしょうが、**世界中で見ると2番目に使われる検索エンジンはYouTube**です。世界のコンテンツは文章から動画に移ってきています。

YouTubeも従来は趣味やエンタメの内容が多かったのですが、いまはビジネスの情報から大学受験対策まで、幅広いコンテンツが揃っています。多種多様な講師がいて、自分に合う講師や講義内容を選んでいけば多くを学べます。

私が海外のデータアナリティクスの講座を受けたとき、統計や機械学習についての内容を何度聞いても理解できませんでした。そこでYouTubeの動画を見たところ、要点をつかむことができました。

YouTubeでも視聴傾向から動画をリコメンドしてくれるので、それを見ていくことも有効でしょう。カテゴリーやチャンネル名での検索、**動画がアップされた時期や長さなどを絞りこんでの検索もできます**。また、Googleのように**検索演算子を使うことでも絞り込みができます**。

ただし、動画の内容についてYouTubeは細かい信憑性までの検証はしていません。著名なインフルエンサーの発信であっても事実と異なる可能性はあります。その点には注意が必要です。

AIにYouTubeの書き起こしをしてもらう

このように、YouTubeはいまや検索のできるコンテンツ群です。ただ、**動画は内容を理解しやすいものの、時間がかかることが欠点**です。20分見たけれど時間の無駄だった、なんてこともよくあります。再生速度を速くする人も多いと思いますが、それでも動画の時間が長ければ大変です。

そんなとき便利なのが、YouTubeを文字起こしする方法です。テキストになった状態でざっと目を通せば、見るべき動画かどうかがわかります。テキストデータであれば、ワード検索もできます。

Chromeの拡張機能である、**「YouTube & Article Summary powered by ChatGPT※1」**（無料）を使うと**ChatGPTが文字起こしをしてくれます**。テキストで要点をつかんで、動画を見続けるかどうか判断をすることができます。また、必要な情報について話しているところまでスキップできます。時間を節約しましょう。

ここがずるい！

- 動画で気軽に勉強できる
- 自分と相性のよい講師から学べる
- 難しいことも動画なら理解できる

1:YouTube & Article Summary powered by ChatGPT
（英語）
https://chrome.google.com/webstore/detail/youtube-summary-with-chat/nmmicjeknamkfloonkhhcjmomieiodli

ずるい検索 22

YouTubeを自社の広告塔にする

情報収集のためにYouTubeを見る機会が増えているということは、自分のビジネスについてYouTubeで拡散できれば、多くの人に知ってもらうことができます。そのためにどんな内容を発信するかを研究してみましょう。

こんなときに役立つ！

- YouTubeでどんな動画を発信するか悩んだとき
- YouTubeでのタイアップ企画を考えているとき
- 人気のユーチューバーを知りたいとき

……レコメンドに影響されず人気コンテンツを知る

YouTubeを自社のマーケティングに生かすため、人気のコンテンツを参考にしたいところですが、YouTubeのトップに上がってくる投稿は、自分が過去に閲覧した履歴に基づいて最適化されています。そこで、人気のコンテンツを調べる方法を紹介します。

「influencer[※1]」を見ると、**地域別、ジャンル別で、登録者増加数や再生回数などのランキングを知ることができます**。基本有料のサービスですが、無料でもアカウントの分析ができます。

競合をチェックし、人気が出たタイミングでどんな動画が投稿されたかや、そのチャンネルでは発信が弱いテーマなどを見つけていくといいでしょう。また、登録者数や推定収益から競合他社との差を比較し、自社の改善点を見つけ

1:influencer
https://jp.noxinfluencer.com/

ることができます。

「かむなび※2」は、無料でYouTubeチャンネルの登録者増加などのトレンドを教えてくれます。国内では最大のYouTubeデータベースを持っており、データの信頼性は高いと言えます。

また、**「kamui tracker※3」**（有料。試用版あり）を使えば、**YouTubeを活用したさまざまな企業のタイアップ企画などを調べられます**。自社の商品やサービスをどのような動画コンテンツとタイアップさせるかなどのアイデアを得ることができ、YouTubeでキャンペーンをするときには有効でしょう。ただし、YouTubeの分析機能はチャンネル登録者数が100人以上のクリエイターしか利用できません。

見ているYouTubeのチャンネルや動画について、**どのようなトレンドがあるのか、どんなワードで視聴を狙っているのかを知るには「vidIQ※4」**を使ってみましょう。本来はYouTubeのチャンネル運用者向けにつくられた、SEOのためのツールです。有料プランもありますが、無料版でもその動画やチャンネルのトレンド、どのようなタグが付けられているかを見ることができます。

また、このサイトでアカウントを作成し、Chromeに**「vidIQ Vision for YouTube※5」**という拡張機能をインストールすると、YouTubeを見るたびにその**チャンネルの人気や視聴数のトレンド、などがわかります。**

…… 人気のユーチューバーを分析する

グローバルで人気のYouTuberを知りたいときは、「Social Blade※6」を使いましょう。有料プランもありますが、無料でチャンネル登録者数、総再生数、チャンネル開設日、国やジャンルごとのランクなどがわかります。英語のサイ

2: かむなび
https://navi.kamuitracker.com/

3:kamui tracker
https://kamuitracker.com/

4:vidIQ
（英語）
https://vidiq.com/

5:vidIQ Vision for YouTube
https://chrome.google.com/webstore/detail/vidiq-vision-for-youtube/pachckjkecffpdphbpmfolblodfkgbhl?hl=ja

6:Social Blade
（英語）
https://socialblade.com/

トですが、チャンネルのユーザー名を入れれば日本のアカウントも調べることができます。

特に興味深いのは推定収益が調べられるところです。広告出稿の場合、収益の多いチャンネルに優先的に広告を発信するなどの戦略を立てる参考となります。ただ、チャンネルごとに当然掲載される広告は違い、広告によって単価も異なります。ここで調べられるのはあくまで推定ですが、参考になると思います。

……YouTube広告は「コンテンツターゲット」

最後に、YouTube広告についてです。

YouTubeではオーディエンス（視聴者）をターゲットにする広告が一般的ですが、それでは視聴者が見たい動画と広告が一致しないことがあります。例えば経営者が趣味でゲーム実況のチャンネルを見ていたとします。そのときに、経営者向けの広告を流されても伝わりづらいでしょう。

そこで、どのコンテンツ（チャンネルや動画）に配信するかを指定する方法が効果的です。経営者向けの広告なら、経営者に向けてではなく、経営について配信しているチャンネルや動画をターゲットにします。

ここがずるい！

- **最適化に邪魔されずにYouTubeの人気チャンネルがわかる**
- **動画を見るだけでそのチャンネルの人気がわかる**
- **YouTubeでどれだけ儲かるかわかる**

有名ブロガーに聞く「ソーシャルメディアを活用した情報活用」

従来、経営資源は「ヒト・モノ・カネ」といわれていましたが、近年では「ヒト・モノ・カネ・情報・時間・知的財産」に変化しています。時間をかけずに有益な情報を得ることは、ビジネスをする上で重要です。より効率的に情報収集することによって、ビジネスでの迅速な解決策の一助となるでしょう。

また、そこで得た情報をどう扱うかも重要になってきます。いまは個人でも情報発信ができる時代です。

そこで、ブロガーとして多くのファンを持ち、「note」のプロデューサーでもある徳力基彦氏にお話を伺いました。

徳力基彦（とくりき・もとひこ）

noteプロデューサー／ブロガー。NTTにて法人営業やIR活動に従事した後、IT系コンサルティングファームやアリエル・ネットワークでのブログを活用したマーケティング、PR業務に従事。2006年アジャイルメディア・ネットワーク設立時からブロガーの1人として運営に参画、代表取締役社長を経て、取締役CMOを現在も務める。

ソーシャルメディアの中に「師匠」を見つける

日々更新される膨大な情報量のなかから、自分の欲しい情報を選りすぐって収集する手段として、ソーシャルメディアの活用が有効です。

自分の得たい情報に対して業界のトップクラスの人を「師匠」と決め、その人物の発信に注目することで、業界トップクラスの人物の視点で情報を見ることができます。

いまは多くの「師匠」がTwitterなどで業界の注目すべき記事を、無料で発信しています。これは、ネット以前の社会ではあり得ないことでした。自分の興味のある業界にたくさんの「師匠」をつくることで、その業界で最も注目されている情報を知ることが容易になります。情報に対する精度や視点は変わり、情報を選りすぐる能力が身に付き、情報収集の効率は格段にアップします。

集めた情報をメモ感覚でソーシャルメディアにアウトプットする

多くの人が、ソーシャルメディアごとに投稿の内容を変えて使い分けたり、拡散するための対策をしたりというように、難しく考えがちです。しかし、個人がビジネスシーンでソーシャルメディアを利用する際には大勢にリーチする必要はありません。ビジネスで役に立つ情報を収集するための、コミュニケーションツールとして活用することを考えましょう。

ソーシャルメディアに日々の気になる話題やニュースをメモするという感覚で情報発信（アウトプット）をすることで、発信した情報がウェブ上で多くの人とコミュニケーションを取り、いつの間にか、たくさんの情報を集めてきてくれます。

最初はどれか1つのソーシャルメディアでのアウトプットでいいと思います。慣れてきたら、複数のプラットフォームに挑戦するのもお勧めです。

現在、さまざまな種類のソーシャルメディアがあります。ソーシャルメディアによって使用している年齢層や性質などに違いがあり、同じ情報に対する見方や反応が異なります。複数のソーシャルメディアで発信することで、より多くの人の目に触れ、その話題に対する有益な未知の情報が見知らぬ人から追加されることもあります。

さらに、複数のソーシャルメディア発信を連携させて効率的なコミュニケーションを取れるように投稿するのも効果的です。例えば、Facebookの投稿内容をnoteにも投稿してみたり、noteの記事をTwitterで紹介したりする。note

の記事をもとに、違う属性を持つTwitterユーザーのリアクションが返ってきます。

従来、このような情報発信は、メディア系の限られた人にしかできませんでした。それがソーシャルメディアの発達によって、誰にでもできるようになりました。ソーシャルメディアに発信した正しい情報は、ウェブ上で自分の「分身」となり、あらゆる場面で人の役に立つことができたり、人と人とを繋ぐ役割を果たしたりします。複数のコミュニケーションを、同時に行うことができるのです。

ソーシャルメディアを「リスク」から「ビジネスチャンス」へ

近年のソーシャルメディアでは、過激な発言や一部の層に攻撃的な発信をすることで記事や動画をバズらせるというスタイルが加速しています。このような使い方は、会社に所属するビジネスパーソンが挑戦するにはリスクを伴います。ビジネスの場と同様にソーシャルメディアを使いましょう。

企業においてソーシャルメディアの投稿は広報部、HP担当者、ソーシャルメディア担当者がやるものだという認識がありますが、ソーシャルメディアを情報発信という手段だけではなく、コミュニケーションツールでありメールの延長だと捉えれば誰でも発信することができます。

いままで、企業の一員である個人がソーシャルメディアで発信するのはリスクがあるという考えがありました。一部の大企業では、個人でのソーシャルメディアなどのコミュニケーションツールの使用を禁止されてきました。

しかし、時代の変化により、社員1人ひとりがコミュニケーションの武器としてソーシャルメディアを使っているか使っていないかで、ビジネスチャンスの大きさは変わります。今後の社会では、個人がコミュニケーションツールとしてソーシャルメディアを使えるようにしていくべきではないでしょうか。

第4章

「便利ツール」を駆使して効率を高める

ずるい検索 23

自分にぴったりの飲食店を選ぶ

ビジネスシーンで、意外に困ることが多いのが飲食店選び。大切な接待のときにお店選びを間違えると相手の機嫌を損ねてしまうかもしれません。あるいは上司に「いい店ない？」と聞かれたとき、パッと対応できればスマートです。

こんなときに役立つ！

- 接待でお店を探すとき
- 上司に急に食事に誘われたとき
- 海外で美味しいお店を探すとき

……信用できる口コミから探す

検索で見つけたお店に行ったら、ネット上の写真と実際のイメージが全然違っていたという経験はないでしょうか。信用できる口コミを見れば回避することができます。

■LINE PLACE[※1]（無料）

興味のあるエリアや好みが近い人をフォローすることで、自分に合ったグルメ情報を受け取ることができます。行きたいお店やお気に入りのお店を保存でき、LINEでシェアすることも可能です。さらに、レシートや口コミを投稿するとLINEポイントがもらえて、自分だけのグルメログを残すこともできます。

1:LINE PLACE
https://place.line.me/discover

■RETRIP※2（無料）

「Influence Member」というインフルエンサーの口コミが最上位に表示されます。RETRIP上でフォローして、記事についての質問もできます。またインフルエンサーのInstagramやTwitter、Facebookなどのリンクもあり、そこからコメントやDMも可能です。

過去に訪れたお店を登録していくこともできるので便利です。また、お店のレビューを書くとAmazonポイントと交換できるアプリ内のポイントが溜まっていきます。

■Google マップ

「Google マップ」の検索窓の下にある「もっと見る」を選択すると、「レストラン」「コーヒー」「デザート」「ラーメン」などの細かいカテゴリーを指定して、周囲にある施設を検索できます。

混雑状況や営業時間、その他お店のURLなどの詳細情報から、口コミまで検索可能です。選んだ施設にはそのまま経路案内までしてくれるので便利です。

…… お店の価格帯で探す

大事な会食などで利用する場合、お店が安過ぎても不安になります。かといって、会社で予算を指定されている場合もあるでしょう。そんなときに便利な検索方法があります。

Googleで検索したい価格帯をダブルピリオド（..）で結ぶと、価格帯の条件を絞り込んで検索をしてくれます。

例えば、「東京 ディナー 個室 10000..15000」と入力すると、1万円～1万5000円の価格帯の、東京都にある個室完備のレストランが表示されます。

2:RETRIP
https://retrip.jp/

「食べたい料理名」から探す

「ロッシーニが食べたい」「ほっけ焼きが食べたい」と言われたとき、食べたい料理からお店を探すことができたらスマートです。

「SARAH[※3]」(無料)では、ユーザーの投稿をもとに、お店全体のレビューではなく一品ごとのメニューの口コミや、メニューごとのランキングを確認できます。また、気になるメニューを保存するだけで、自分の好みの料理を厳選したグルメマップを作ることができます。

名前がわからない店を探す

■ Google のアスタリスク検索

行きたいお店があるけれど、店名がはっきり思い出せない場合、Googleで、「*」を付けて検索をすると、不明部分を代替して検索できます。

例えば、「ejiri chocotto」というお店があって、その記憶が曖昧(あいまい)だった場合は「ejiri cho*」などと検索をすると、正式名称がわかります。

■ Google マップ ストリートビュー

Google マップでは、表示された情報の左下にストリートビューのアイコンが表示されます。そこをタップすると、360度の周辺情報を見ることができます。

実際にそこにいるかのような検索が可能なので、店名がまったくわからなくても大体の位置から検索することができます。

また、「インドアビュー」で店内の様子も確認できます(サービスに登録している店舗のみ)。店内の様子を360度の映像で確認できるため、事前に雰囲気がわかり便利です。

3:SARAH
https://sarah30.com/

……… より細かな条件で検索する

「Tripadvisor※4」（無料）は、旅行先の価格比較として有名なサービスですが、飲食店の検索にも優れています。

レストラン、軽食、デザートなどの「施設タイプ」、「テイクアウト可」「クレジットカード可」といった**「レストランの特徴」、「食事の時間帯」「予算」「料理のジャンル」「料理名」「食材別メニュー」「目的別」「ミシュランガイド」のカテゴリーまで、細かく指定することができます**。

世界49の国や地域と28の言語で展開されている、心強い検索ツールです。

……… 予約を代行してくれるツール

会議や商談が続いて、レストランの予約をするのも難しいことがあります。忙しいデイリーワークの合間を縫って、店を手配するのはストレスになりますよね。

「ペコッター※5」は、人気店や予約困難な飲食店の予約を代行してくれるツールです。行きたい店を選択して、予約したい日時、氏名、電話番号を入力するだけで利用できます。現在地または行きたい場所からの店舗検索も可能です。

無料の利用もできますが、忘年会や休前日などは対応が遅くなるので、日程が迫っている場合は「マッハ対応」（有料）を使ったほうがいいでしょう。

……… 海外でお店を探す

旅行や出張で海外に行っても、日本と同じように使えるツールがあったら嬉しいですよね。

■ OpenTable※6（無料）

なんと、世界20カ国4万3000件を超えるレストランの評判を見ることができます。エリア、料理ジャンル、予算、評価などで絞り込み条件を設定して検

4:Tripadvisor
https://www.tripadvisor.jp/

5: ペコッター
https://pecotter.jp/

6:OpenTable
https://www.opentable.jp/

索可能です。

写真やメニュー、口コミでお店の雰囲気が確認できるので、旅行先の知らない場所でのお店選びにも安心して利用できます。さらに、アカウント管理で食事の好みやアレルギーなどの情報を一括管理することができます。

■ Foursquare※7

旅行をするときには、観光客向けのお店ではなく、地元で評判がいい店を知りたいものです。地元のメディアで紹介されていることもありますが、海外では言語がわからない場合もあります。

そんなとき、特にアメリカでは「Foursquare」がお勧めです。これは位置情報を使ったソーシャルメディアで、行ったお店や場所をシェアすることが軸になっています。地元の人も頻繁に情報を更新しているので、地元のレストランやお店の評判も見つけることができます。

ここがずるい！

- **簡単に「お店に詳しい人」になれる**
- **メンバーの希望に合わせてお店を選べる**
- **人気店の予約を取れる**

7:Foursquare
App Store（英語）
https://apps.apple.com/jp/app/foursquare-city-guide/id306934924

Google Play
https://play.google.com/store/apps/dev?id=7953007503920441591&hl=ja&gl=US

ずるい検索 24

マップツールを使いこなす

Google マップやInstagramのマップ機能を、日常的に活用している人は多いでしょう。しかし、使いこなしているつもりでも、意外と知られていない便利な機能があります。ぜひ、チェックしてみてください。

こんなときに役立つ！

- 初めての場所へ移動するとき
- 行ったことのない場所の情報を知りたいとき
- 昔行った場所にもう一度行きたいけれど記憶が曖昧なとき

⋯⋯ 自分のいる位置を知らせる

待ち合わせなどで、いま自分がいる場所を誰かに知らせたいことがあります。飲食店であればそのお店のサイトなどを送ればいいわけですが、広い公園のなかや大きな駅で待ち合わせをすることもあります。

こうしたとき、**Google マップの現在地共有機能**を使用すると、**自分のいる場所をLINEやメールなどで知らせることができます**。右上のアカウントボタンから「現在地の共有」を選びましょう（互いの端末で位置情報を「常に許可」に設定しておくことが必要です）。

⋯⋯ 大型施設のなかのお店の場所を調べる

Google マップを使って目的地についても、大型の駅やショッピングモールのなかで、目的のお店の場所がわからない場合があります。いちいちフロア案内図を見るのも面倒ですね。

そんなときは、**マップ上で確認したい施設を拡大**しましょう。インドアマップに切り替わり、お店の中の位置情報がわかります。階数を指定することができ、お店の情報なども表示されます。

ネット環境のない場所でマップを使う

いまや、海外へ行くにもスマホのマップは必需品です。しかし、インターネットの接続が不十分なところもあります。

そのとき、**電波状況に左右されずに使えるGoogle マップの「オフラインマップ」**の活用がお勧めです。あらかじめマップのデータをスマートフォンにダウンロードしておくことで、電波の不安定な場所や圏外でも詳細な地図の閲覧や現在地の把握が可能です。右上のアカウントボタンから「オフラインマップ」を選ぶことで操作できます。

実際の街の風景を見ながら調べる

Google マップで「ストリートビュー」を活用する人は多いでしょう。その場にいるかのように、付近の様子を画像で見ることができます。

より画像を詳しく見たいときは、ダブルタップした後上下にスワイプしてズームインすると便利です。

多くの人が使う機能かと思いますが、発想次第でより便利な使い方もできます。

・初めて訪問する場所に行くとき、事前に建物の外観がわかる
・市販薬を買うとき、調べたお店がドラッグストアか調剤薬局かがわかる
・駅からの道のりに屋根があるかなど、目的地の周辺の雰囲気がわかる

私の場合、学生時代好きだった中華料理屋の店舗名を忘れていて、ストリートビューで調べました。看板から店舗名がわかり、営業時間も調べることができて、無事家族に食べてもらうことができました。

過去に行った場所を調べる

Google マップには、行ったお店の場所やルートを自動で記録してくれる機能があります。「あのときのお店よかったね」といったときに、**どのお店だったかはっきり覚えていなくても、行った日時から確認できます**。いつ、どのような手段で移動したかを見ることもできるので、交通費の経費計算でも便利です。事前にロケーション履歴をオンに設定した上で、右上のアカウントボタンから「タイムライン」を選びましょう。

駐車場の位置と残り時間を登録する

駐車場に車を停めるとき、Google マップで位置を登録しておくことができます。デパートなど広い駐車場に停めるときや、知らない場所の駐車場を使うときに便利です。**駐車場の「残り時間」を設定**しておけば、どれくらいで戻らなければいけないかもわかります(AndroidとiPhoneで一部機能が異なります)。

お店の評判を知る

Google マップでは、**マップ上に登録された施設や店舗の営業時間や商品情報に加えて、そのお店の評判を見ることができます**。食べログのほうが熱心なファンが投稿している情報が多く評価の信憑性は高いと感じますが、地方で人気のお店は食べログは投稿が少なく、Googleのほうが信頼できることがあります。

また、こうした情報は、アレクサやSiriなどの音声検索でも検索できます。

例えば「近くの病院を探して」と検索すれば、病院の情報と一緒に評判もわかります。

さらに、Google マップにはクチコミの掲載やQ&Aへの返信をした一般ユーザーにポイントが加算される、ローカルガイドという評価制度があります。高い評価を受けた場合はGoogleからローカルガイドのイベントなどに招待されることもあります。

集客・新規開拓への活用を

お店でも事業でも、自社の評判を知ることは重要です。自分のお店の情報がGoogle マップに表示されるためには、**「Google ビジネス プロフィール[※1]」**への登録が必要です。

Google ビジネス プロフィールは、かなり充実した自社サービスの紹介ツールです。**営業時間やメニュー・商品紹介などができるだけではなく、顧客の評判に対する回答もできます**。顧客から見ると、店舗訪問前に評判を見ることで、「この病院は顧客の苦情や要望に真摯に対応するいい接客をしてくれる」とわかります。また、あまりにも理不尽な評価に対して訂正や削除をお願いすることもできます。

なお、これらのサービスは広告出稿を除いてすべて無料です。使い方も難しくなく、スマホで十分対応できます。集客や新規顧客の開拓に、ぜひ生かしたいツールです。

Instagram のマップ機能

Instagramにも地図検索機能があります。検索画面右上にある地図マークをタップして使用することができます。投稿の位置情報をもとに近くにあるスポットがピックアップされる仕組みで、ハッシュタグと併用して検索することができます。

1:Google ビジネス プロフィール
https://www.google.com/intl/ja_jp/business/

近くのお店を調べるとき、Google マップだとお店の投稿した写真ばかり出てきますが、Instagramはユーザーの投稿写真です。**本当のお店の雰囲気や料理の見栄えがわかる**ので「行ってみてがっかり」といった事態を避けることができます。

また、Instagramで行きたい場所が決まったら、ワンタッチでGoogle マップを開いて検索することもできます。

ここがずるい！

- **移動で時間をロスしなくなる**
- **ネット環境のない場所でも迷わない**
- **Google マップでお店を宣伝できる**

ずるい検索 25

Googleマップに顧客の事務所を登録する

Google マップは使いやすいようにカスタマイズできます。例えば営業をするときに顧客の事務所の位置を登録すれば、効率のいい回り方がわかります。さらに、マップ上で顧客の売上などの情報を可視化することもできます。

こんなときに役立つ！

- 営業で複数の顧客を訪問するとき
- 訪問先の顧客情報を1つにまとめたいとき
- 初めてのエリアに出張するとき

最も効率のいい回り方がわかる

顧客訪問などをするときに、Google マップで調べながら移動している人も多いと思います。どの顧客がどの地域にあり、どのような順番で回れば効率的か、といったことも調べているでしょう。しかし、範囲や件数が多くなると把握できなくなります。土地勘があればある程度わかるでしょうが、出張先の場合もあるでしょう。

そんなときは、自分の知りたい情報をGoogle マップ上に追加し、自分だけのマップを作りましょう。

例えば、Google マップで訪問先の位置を登録しておきたい場合は、**訪問先の住所や電話番号をGoogle Sheetsに入力**しておきます。よく行くランチスポットや休憩場所も登録しておくといいでしょう。参考例※1を共有します。

1: サンプル
https://onl.la/3aNKFzY

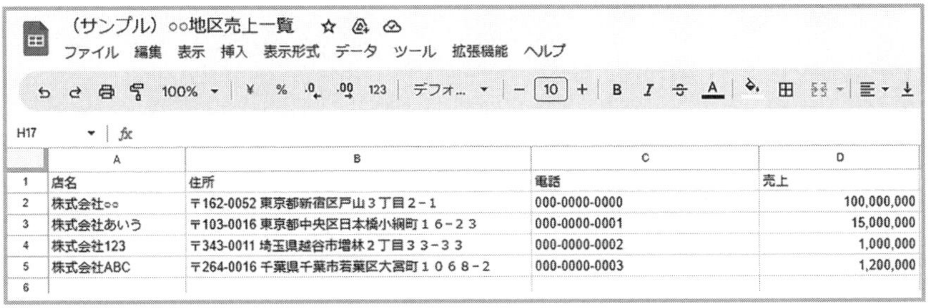

	A	B	C	D
1	店名	住所	電話	売上
2	株式会社○○	〒162-0052 東京都新宿区戸山３丁目２−１	000-0000-0000	100,000,000
3	株式会社あいう	〒103-0016 東京都中央区日本橋小網町１６−２３	000-0000-0001	15,000,000
4	株式会社123	〒343-0011 埼玉県越谷市増林２丁目３３−３３	000-0000-0002	1,000,000
5	株式会社ABC	〒264-0016 千葉県千葉市若葉区大宮町１０６８−２	000-0000-0003	1,200,000
6				

次に、Google ドライブの「新規作成」から「Googleマイマップ」を選択、「インポート」でデータを取り込んだスプレッドシートを選択します。

ここで「住所」を選択すると、**住所データに基づいてプロット**されます。マーカー（地図上の位置を示すアイコン）を変えることもできるので、同じ色や形だと混乱するときは担当者や目的別に画像を使えばいいでしょう。

客の売上や営業担当を表示する

さらに、位置だけではなく顧客別の売上、先方の担当者などの情報もマップ上で可視化できれば便利です。

Googleが提供する、**「Looker Studio[※2]」**というビジュアライゼーションツールがあります（以前は「Google データスタジオ」「Google データポータル」という名称）。基本無料で、このツールを使うとさまざまなデータをグラフなどに可視化できますが、その1つとして地図を選択できます。

場所を示すだけではなく、売上、顧客数、担当などを表示することができます。こちらも参考例[※3]を共有します

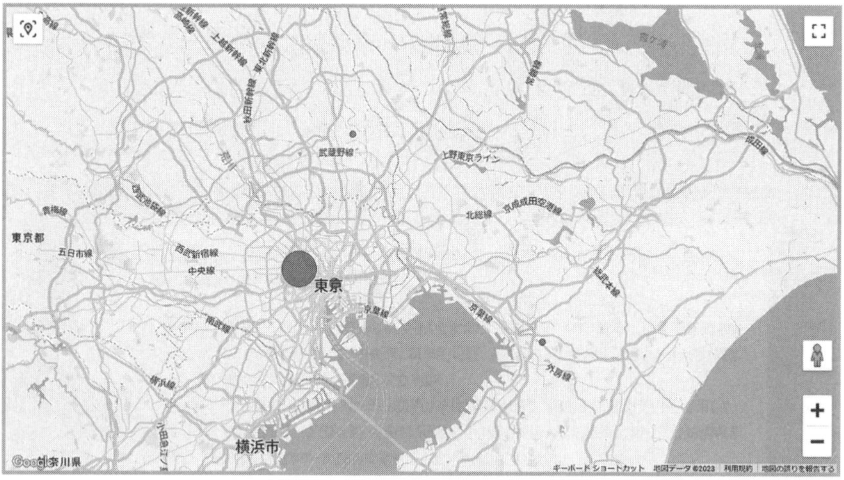

また、期間や金額など自由に表示を切り替えることができます。こうしておけば、Google マップで位置を確認しながら、訪問前に顧客情報を確認しておくことができます。これも参考例を共有しますので、一度登録すればとても便利ですし、社内での共有もできます。ぜひ活用してみてください。

2:Looker Studio
https://cloud.google.com/looker-studio?hl=ja

3: サンプル
https://onl.la/c6xSb1M

ここがずるい！

- 1つひとつ調べなくても一気に移動ルートがわかる
- 時間がなくても効率的に営業できる
- 移動しながら顧客情報をチェックできる

ずるい検索 26

昔調べたことをすぐに参照できるようにする

一度調べた内容をもう一度見たいとき、ブックマークなどに保存していても、数があればあるほど、目的のブックマークがどこにあるかわからなくなることはないでしょうか。シンプルな解決方法を紹介します。

こんなときに役立つ！

- **昔調べた情報がどこにあるかわからなくなるとき**
- **ブラウザがタグだらけでよくわからなくなるとき**
- **ブラウザでたくさんの調べものをするとき**

ブックマークがどこにいったかわからなくなる

ひと口に「検索をする」といっても、①文字を入力する、②表示された結果から選ぶ、③必要な情報かを確認する、④違えば次を探す、というように、複数の手順が必要です。一度調べた情報が再度必要な場合は、この作業を改めてしなければいけません。

過去に見つけたことを、すぐ表示できるようにしておけば効率的です。しかし、調べたことすべてに名前を付けてブックマークしたりフォルダ分けしたりするのは大変手間がかかります。

そして、**ルールを決めて分類しても、どのフォルダに入れたかわからなくなったり、どんな名前のブックマークだったかわからなくなったりしてしまう**人は多いのではないでしょうか。

検索をして情報を集めても、後で利用できなければ何の意味もありません。今回は基本として考えておくべきことをご紹介します。

タブをたくさん開けばメモリを奪う

タブブラウザが普及して、たくさんのウィンドウとタブを開いて作業できるようになりました。便利ではありますが、ありがちなのが、いくつもウィンドウとタブを開けたまま仕事をしているケース。閉じてしまうと、再度そのページを見たいときにまた調べ直さないといけないからです。

しかし、タブやウィンドウが多過ぎるとどこに何があるかわからなくなり、探す手間もかかってしまいます。それに、**このやり方はメモリを奪ってしまいます**。多くの仕事がブラウザ上で動くようになった現在、ブラウザがサクサク動くかどうかで仕事の効率は大きく変わってきます。

そこで、ブックマークの活用をお勧めします。「いまさらブックマークの話？」と思うかもしれませんが、ブックマークを使いこなせていない人は意外とたくさんいます。たくさんのブックマークをなんとなく「お気に入り」とか「情報源」とフォルダに分類していて、何がどこにあるかわからなくなってしまったという経験はないでしょうか。

ブックマークは時系列で整理する

以前に調べたものをどこに分類したのか、私もいつもわからなくなっていました。どうすればいいのかと考えてみると、ブックマークの使い方というより、調べた情報の整理整頓が間違っているのだと気付きました。

誰にとっても**最も引き出しやすい整理の方法は、「時系列」**だと断言できます。調べたウェブサイトを「お気に入り」のフォルダに入れたか「便利ツール」に入れたかは覚えられませんが、「去年か半年前か先月か？」という時間はなんとなく覚えているものです。

具体的な手順は、以下の通りです。

①月次でブックマークのフォルダを作る
②検索してページを開くときはすべて新しいタブで開く
③内容を見て役に立つものを残し、残りは消す
④残ったタブ全部を「日付＋調べた内容」の名前でブックマークして月次のフォルダに入れる
⑤別のタスクに移るときは、必ずそのウィンドウを閉じる

こうすると、過去の検索結果を簡単に確認できます。**「これは先月調べたかな？」とか「あれは夏のあのプロジェクトで調べたな」**など当たりが付けやすく、ブックマークした全ページを開けば、その当時のすべての検索結果を探すことができます。年が変わったら年度のフォルダを作り、月次のフォルダをそちらに格納しましょう。それに、開いているウィンドウの数は最小限になるので、メモリもあまり消費しません。

余談ですが、ツールバーには、よく使うブックマークだけを見える幅に並べるようにしましょう。タイトルは入れずにアイコンだけにすれば、並べられる数も増えます。

ファイルの整理にも時系列がお勧め

ブックマークに限らず時系列分類は最も使いやすい分類です。例えば**Google ドライブなどのストレージやハードディスクにファイルを保存するときも、年度を入れる**ようにしましょう。

去年保存したもので今年も使うものは名前の年度を変えて今年のフォルダに移したり、期間「2022-2023」などを加えたりします。そうすれば使わないファイルは古い年度のフォルダに残り、使うものは今年のフォルダに入ることになります。

ここがずるい！

・情報の分類方法を考えなくてよくなる
・いつでも過去の情報を引き出せる
・ブラウザのメモリを奪わずに仕事ができる

ずるい検索 27

ウェブサイトにメモを付けて記録する

「ずるい検索26」では、過去に調べた情報をブックマークで管理する方法をお伝えしました。ただし、この方法では「なぜこのページが必要なのか」はわかりません。そこで、メモ付きで管理できるツールを紹介します。

こんなときに役立つ！

- 調べたサイトを後で見返したいとき
- 調べたサイトと一緒にメモをしたいとき
- 画像と紐付けてURLを保存したいとき

メモ機能のあるツール

便利なメモツールとして、無料で使える「Google Keep※1」があります。Googleのアカウントを持っている人なら一度は目にしたことがあるのではないでしょうか。このサービスを使うと、見ているウェブサイトが気になったときや、ふとアイデアが思い浮かんだときに、**URLと一緒に自由にメモを取ることができます**。例えば、気になる書籍のページを保存する場合、「次に買う」などの簡単なメモを残すことができます。また、「恋愛」「ミステリー」などのラベルを付けて管理することもできます。

より便利に使うために、Chromeの拡張機能「Google Keep Chrome 拡張機能※2」（無料）を加えましょう。**ChromeにGoogle Keepを常に表示させておくことができる**ようになります。また、Google Keepにはモバイルアプリもあるので、併せて活用しましょう。

1:Google Keep
https://keep.google.com/

2:Google Keep Chrome 拡張機能
https://chrome.google.com/webstore/detail/google-keep-chrome-extens/lpcaedmchfhocbbapmcbpinfpgnhiddi?hl=ja

そのほか、便利なメモツールについて紹介します。

■Evernote※3

こちらも人気のツールです。Google Keepと比較すると、文字の大きさや表現方法を変えたり、ウェブサイトの一部を画像として取り込めたりするなど、多彩な表現ができます。凝った文章を書きたい人はこちらがお勧めです。有料プランもありますが、無料でも十分役立つでしょう。

■grt memo※4

無料のChromeの拡張機能です。こちらはGoogle Keepに比べて文字数を多く記入でき、ボタン1つでURLや閲覧した時間を加えることができます。

……画像の記録なら「Pinterest」

文字情報ではなく**画像を中心に記録しておきたければ、「Pinterest※5」（無料）**がお勧めです。

まず、Chromeの「Pinterest 保存ボタン※6」という拡張機能（無料）を加えてブラウザにボタンを追加します。こちらにも、スマホアプリがあります。

保存したい画像が掲載されているページを開いた状態でピンすると、保存する画像を選ぶことができます。**ピンの一覧にその画像が保存され、そこから掲載ページに移動することができます**。

ここがずるい！

- 「何のブックマークだっけ」とならない
- サイトを見ながらすぐにURLの保存とメモができる
- 昔調べたURLに画像から移動できる

3:Evernote
https://evernote.com/intl/jp

4:grt memo
https://chrome.google.com/webstore/detail/grt-memo/hjepgjomhnddghfkpoibmjpofhkbagkm?hl=ja

5:Pinterest
https://www.pinterest.jp/

6:Pinterest 保存ボタン
https://chrome.google.com/webstore/detail/pinterest-save-button/gpdjojdkbbmdfjfahjcgigfpmkopogic?hl=ja

ずるい検索 28

音声データから必要な部分を検索する

会議の内容を後で確認したいとき、音声データから探すのは時間がかかります。いつその話をしていたか覚えていればすぐにわかりますが、曖昧なことのほうが多いと思います。検索しやすい文字データに変えて保存しましょう。

こんなときに役立つ！

- 議事録を取るとき
- 会議の内容を後で検索したいとき
- すでにある音声をテキストにしたいとき

……会議の内容を直接文字起こしする

よく使われるツールとしては、**「Zoom[※1]」**です。セミナーや会議の内容を録音するだけではなく、**自動的に文字起こしをしてくれます**。無料版でも使うことができ、クラウドレコーディングに設定して「オーディオ文字起こしを作成する」を有効にするだけです。

ただし、Zoomの日本語の文字起こしは少し正確性に欠けます。そこで**「tl;dv[※2]」**を紹介します。これはZoomやGoogle meetで使える、AIの議事録作成ソフトです。**ミーティングを録画し、そのデータを元に文字起こしをしてくれます**。さらにその要約や動画の要約も作成してくれます。有料プランもありますが、これらの機能は無料で使用可能です。

1:Zoom
https://explore.zoom.us/ja/products/meetings/

2:tl;dv
（英語・切替可）
https://tldv.io/

・・・・・・・スマホアプリでリアルタイムに文字起こし

もう1つ、私が使っているツールとして**「Otter※3」**をご紹介します。これは**スマホアプリでリアルタイムに文字起こしをしてくれる**ツールです。有料プランもありますが、文字起こしは無料プランで使えます（時間などの制限あり）。

ネイティブの発言など、音声で聞くとスピードや発音に慣れないと聞き取れないことがあると思います。そのときはこのアプリを利用して、文字起こしした情報も併せて見ることで理解するようにしています。海外のカンファレンスなどのときにはよく活用しています。

このような文字起こしツールで加工したテキストをGoogleドライブなどに入れれば、テキスト検索ができるようになります。元は音声情報であっても、漏らさず仕事に役立てることができます。

ここがずるい！

- **議事録を簡単に作れるようになる**
- **会議の内容をすぐに探せるようになる**
- **音声を聞き返さなくても文字で検索できる**

3:Otter
https://otter.ai/jp

ずるい検索 29

紙の書類をデジタルで検索できるようにする

昔に使っていた紙の書類を捨てたいけれど、必要なこともあるから捨てられないということがあると思います。また、紙の名刺が多過ぎて管理し切れない人もいるでしょう。紙の情報は、すべてデジタル化してしまいましょう。

こんなときに役立つ！

- 昔のデータを調べることが多いとき
- 紙の書類をテキスト化したいとき
- 大量の名刺があるとき

書類を撮影して表を作成する

ワープロなどで作られた書類でデータでの保存がない場合、必要なときに探し出すのは大変な作業です。エクセルなどデジタルデータに置き換えれば検索できますが、そのために手入力で情報を移していては時間もかかってしまいます。

そんなときは、「Microsoft 365（Office）」のアプリ※1が役に立ちます。**スマホのカメラで書類の表や文章を撮影し、デジタルデータを作成することができます**。そのファイルを転送すれば、パソコンでも操作することができます。このアプリはMicrosoftのアカウントを持っていれば無料で使用できます（サブスクリプションの「Microsoft 365」ユーザーでなくても可）。

ただし、誤字脱字や半角が全角になるなどの読み取りミスは起きます。取り込んだ後にパソコンで修正するといいでしょう。これで紙の書類から情報を手

1:Microsoft 365（Office）
https://www.microsoft.com/ja-jp/microsoft-365/mobile

入力する手間を大幅に削減することができます。

Googleドライブでテキストにする

画像やPDFから文字の認識をすることはGoogleドライブでもできます。

文章を撮影してGoogleドライブに保存した後、そのファイルを右クリックして「アプリで表示」を選択します。どのアプリで開くかを求められるので「Google Docs」を選択すると、**画像の中に書かれている文字を自動的にテキスト化**してくれます。

以前私の妻は保護者同士で近隣の見回りをすることになったのですが、対象の建物が50カ所以上ありました。それらの住所を紙の表で渡されたのですが、どのようにチーム分けして、どう回ればいいのかと困っていました。

そこでこの方法でデジタル化し、Googleマップに読み込ませました（「ずるい検索25」参照）。担当者、曜日ごとにマークを変えて見回りマップを作ることで、効率的に回れたそうです。

また、Googleドライブは保存されている画像のなかのテキスト情報を、自動で認識しています。つまり、**ファイル名などに入っていなくても、画像のなかの文字で検索できます**。ただ、こちらもやはり読み間違いは起きるので文章の確認は必要です。

名刺もデジタル化

知人の連絡先がわからなくなったとき、以前は名刺から知ることができました。しかしいまはさまざまな手段で連絡をするため、情報があちこちに拡散してしまっています。

知人の連絡先がわからなくなったとき、「あれ、この人とどこで繋がったかな？」などということもあるでしょう。ネットで名前を検索して出てくるような有名人であればすぐに連絡先もわかるでしょうが、出てこない人のほうが多いでしょう。スマホ、ノートパソコン、デスクトップでそれぞれバラバラに管理していたら、その集約や検索も手間になってしまいます。必要なときに困らないため、一元化しておきましょう。

名刺は取り込んだ名刺をデータ化し検索・閲覧できる「Eight[※2]」などのサービスを利用し、都度スキャンして文字データにしておきます。Google ドライブに PDF で保存してから Google Docs で開き、OCR で文字起こしする方法もありますが、誤字脱字が出ます。Eight も判別不能が起きることがありますが、精度としては Eight のほうが高いでしょう（とはいえ誤字脱字はたくさんありますので過信は禁物です）。

スマホで写真を撮影して登録もできますが、Eightのスキャナーはカフェやコワーキングスペースにも置いてあります。大量に名刺があるときは助かります。

Eightは有料のプレミアムプランにすると、Chromeの拡張機能**「Better Eight（8card.net）Tools[※3]」**が使えます。**名刺情報をCSVファイルなどでダウンロードし、そこからアドレス検索や電話番号検索ができる**ようになります。ただしこの機能は枚数が多いと動かないようで、私は1万枚くらいで試したところ動作確認ができませんでした。

CSVファイルはパソコン盗難などで漏洩の恐れがあるので、アップロードしたらパソコンに残さず削除してしまうことをお勧めします。

さらに、**Eightで集めた名刺情報を「Google コンタクト[※4]」（無料）にインポートすると、Gmailでメールを送るときにも宛先として選べる**ようになります。メールを打つときにいちいち入力する必要がなく便利です。

2:Eight
https://8card.net/

3:Better Eight（8card.net）Tools
https://chrome.google.com/webstore/detail/better-eight-8cardnet-too/jjdipcmdpdmbjifjnccldmccobipombh?hl=ja

4:Google コンタクト
https://play.google.com/store/apps/details?id=com.google.android.contacts&hl=ja&gl=US

・・・・・・・ 紙ではなくデジタルで保管する

そもそも、紙の書類を作成する必要があるのでしょうか。紙であれば書類を保管する必要があるし、デジタル化するのにも作業が発生します。

ビジネス書類は全部捨てましょう。そして、使いやすいデジタルで情報を集約しましょう。

デジタルファイルはGoogleドライブなどクラウド環境に残し、ローカルに残しておかないことをお勧めしています。

ローカルに保存すれば、そのパソコンがマルウェアや盗難によって情報漏洩するリスクが高まります。そして、何より恐ろしいのが、途中でパソコンがハングアップしてせっかくの作業が失われたり、ファイルが壊れたりしてしまうことです。クラウド上であれば権限の設定で自由に共有管理ができます。Google Docsなどを使えば最新の操作履歴まで残ります。

Chromeの機能拡張とファイルの設定をすれば、飛行機のなかのようなオフライン環境でも作業を続けられます。

ここがずるい！

- **紙情報をデジタルで共有、加工できる**
- **写真のなかの文字もテキスト化できる**
- **いちいち連絡先を探さなくてよくなる**

DXの専門家に聞く「失敗しないDXツールの選び方」

ペーパーレス化が進む中、中小企業や個人事業主が、どのように業務をデジタル化していくかが大きな課題となっています。

しかし、いざDX化をしようとしても、どのように進めていいのか、コストはどれくらいかかるのか、自社にとって必ずしもDX化は意義のあることなのかなどの不安要素が多く、なかなか進められないというケースが目立ちます。

このような問題を解決するためには、どのようにDX化を進めたらいいのでしょうか。企業のDX推進ができるようになるための「業務DX推進士」、並びに支援をするIT専門家向けの「業務DX推進士 Expert」を運営するIT顧問化協会（eCIO）代表理事の、本間卓哉氏にお話を伺いました。

本間卓哉（ほんま・たくや）

Chatworkを経て、現在は一般社団法人IT顧問化協会（eCIO）代表理事、株式会社IT経営ワークス代表取締役など。使命は「人×IT＝笑顔に」。DX推進を望む企業に、中立的な立場で伴走支援ができる体制を構築。著書には『売上が上がるバックオフィス最適化マップ』（クロスメディア・パブリッシング）など。

DXはツール選びから入るべからず

DX化を進めるに当たって、ツール選びから入る方が多いのではないでしょうか。これはいちばんやってはいけないことです。

よく調べずに認知度の高いサービス名のツールを選んだり、会計士や社労士といった周囲のアドバイスだけでツールを選んだりすると、欲しい機能がない、使いたいシーンで活用できないといった問題にぶつかります。さらに、後から有料オプションが必要になるなど、余計なコストがかかることもあり得ます。

自社のDX化に最適なツール選びに重要なことは、「何のために導入するのか」「どのように使用したいのか」「どの機能が欲しいのか」など導入の目的を明確にすることです。

DX化のツールは膨大な種類があり、例えば勤怠管理ツールだけを見ても80種類を超えます。しかし、Googleで検索しても自社に合う製品がどれであるかはわかりません。

自社に合った製品を効率よく選定する方法は、認知度のある製品のサポートセンターや営業に価格や機能について聞いてみることです。直接問い合わせをすることで、ツールの詳細だけでなく、製品に対するサポート体制まで確認できます。あらかじめ導入の目的を明確にしておけば、このときに細部まで情報を引き出すことができます。

専門家に相談することで自社に合った製品がわかる

DXを導入する上では、課題が多数現われます。例えば「導入の目的を社内で話し合って収拾が付かない」「製品について質問をしても返答の内容が専門的で理解できない」「自社でどの機能を活用したら効率的なのかがわからない」、または、うまく導入できたとしても、管理画面の操作ができないなど、初期設定でつまずいてしまう事例も多くあります。

このような問題を解消するには、企業のデジタル化について特化した専門知識を持つ「業務DX推進士 Expert」に相談するのもいいでしょう。業務DX推進士 Expert は伴走支援というかたちで、導入の目的の明確化、製品についての質問の代行、トライアル期間を利用した製品の検証、初期設定のサポートなどに取り組みます。

豊富な知識を持つ専門家に相談することによって、ウェブ検索では出てこない情報を得ることができ、短期間で、より効率的に自社に合った製品の選定が可能となります。

業務デジタル化ツール導入のリスクと回避方法

DXツールは業務の効率化に便利ですが、導入する際にはリスクも考えておかなければなりません。考えられる大きなリスクとしては、使用料金の値上げです。クラウドサービスの市場価値が上がっている現在、今後急な値上げが起こる可能性は十分に起こりえます。

近年では、イスラエルの会社がアメリカで上場して利用料が10倍になったケースや、サービスを提供する企業がターゲットを中小企業から中堅大手にシフトチェンジしたことで単価が大幅に変わった、という事例もあります。このような状況になってから使い慣れたシステムを変えようとしても、容易なことではありません。リスク回避の方法として、1つのシステムに依存しない体制を整えることが重要です。

その点で、クラウドサービスは乗り換えやすく、いつでもやめられるという強みがあります。新しいシステムを導入する場合は、事前に、「エクスポート機能がある製品か」「やめた後でも数年間はログを確認できるか」を確認しておきましょう。

例えば、「マネーフォワード クラウド」や「freee」などのブラウザ上で完結するクラウドサービスは、機能のカスタマイズができないので、システムに合わせた業務の変更が必要です。一方で他システムへの乗り換えが容易になり、将来的にコストを削減することが可能となります。

それに対して、「勘定奉行」や「弥生会計」などのアプリケーションをインストールしてデータのみがクラウド上にあるといったサービスは、機能のカスタマイズができる場合があります。ただし、システムへの依存性が高いので、他システムへの乗り換え時に膨大なコストが必要となります。

よりよいサービスや製品を見つけたら、それに対して自社の業務も一緒に変えていくことも将来的なコスト削減に繋がります。

他社の業務デジタル化の成功事例を検索する

自社と規模や事業内容が似ている企業の成功事例は、システムを導入する際に知っておきたい貴重な参考データとなります。しかし大手企業のシステム導入事例は簡単にウェブ上で検索することができますが、中小企業や同じ業種の成功事例は、なかなか見つからないことも多いでしょう。

さまざまな規模の企業の成功事例の検索に活用できるサイトを2つご紹介します。

■ みらデジ※1（無料）

中小企業庁が展開している補助事業です。いくつかの設問に回答する「経営課題診断」ができるシステムや電話相談があり、それを受けることで経営課題が明確になり、具体的な各種支援施策・連携先の紹介を無料でしてくれます。中小企業がシステム導入した際の改善事例やコラムが読め、地方の企業サポートもしています。

■ バックオフィス進化論※2（無料）

朝日新聞社の提供するサービスです。デジタル化の事例として、地方の中小企業の取り組みを見ることができます。

ただし、これらのサイトで知ることのできる成功事例が、必ずしも自社において有効というわではありません。

1: みらデジ
https://www.miradigi.go.jp/

2: バックオフィス進化論
https://backoffice.asahi.com/

DX化を成功させているのは、細かくさまざまな取り組みを成し遂げている企業です。そのぶん、デジタル化の事例は情報の範囲が広くなります。それぞれの企業の具体的な取り組みの効果や、成功事例を1記事でまとめ上げるのは不可能です。

こうした点でも、やはり、最も効率的な情報収集は、経験豊富な専門家に相談することです。「業務DX推進士 Expert」など、企業のデジタル化についての専門家を探す際は、効率や生産性が上がるだけでなく、「儲かる」（利益を出す）ための仕組みを提案し、企業に利益をもたらすことができる相談相手を選ぶことが重要です。「売上が上がる」だけでなく、「人件費」や「工数」など、幅広い視野を持つ専門家を選ぶようにしましょう。

ずるい検索 30

自分の個人情報が漏洩していないか調べる

最近は個人情報漏洩のニュースをよく見ます。自分が登録した個人情報が誰かに知られているということは、意外と多く起きています。情報漏洩がないかを調べる方法と、求められる対策について考えましょう。

こんなときに役立つ！

- 個人情報が洩れていないか心配なとき
- 自分のパスワードが安全かを知りたいとき
- 安全かつ覚えられるパスワードを設定したいとき

……あなたの個人情報はどれだけ漏洩している？

情報漏洩の対策について考える上で、まずは現時点で情報漏洩が起きていないかを調べましょう。

「Firefox Monitor[※1]」という無料サービスを利用してみてください。個人情報が流出した事件などのデータベースを照合して、**メールアドレスをキーに自分の情報が漏洩しているメディアを表示**してくれます。

試してみたところ、私は11のサイトでデータの漏洩があるとわかりました。メールアドレスが漏洩しただけならそれほどの危険はないかもしれませんが、パスワードまで漏洩していると、そこからほかのサイトへもクラッキングされる恐れがあります。いますぐIDとパスワードを変更しましょう。

Firefox Monitorは「Have I Been Pwned[※2]」というサービスを使っているようです。別にパスワードが漏洩していないか調べるサービス**「Pwned**

1:Firefox Monitor
（英語）
https://monitor.firefox.com/

2:Have I Been Pwned
（英語）
https://haveibeenpwned.com/

Passwords[※3]」もあり、パスワードが何回破られているかを知ることができます。これらのサービスも無料で使えます。

…… セキュリティ対策のツールを活用

セキュリティ対策として代表的なツールが「Norton[※4]」です。ダークウェブ（一般的なウェブブラウザで閲覧できないウェブサイト）の個人情報を監視する有料（無料体験あり）のソリューションを提供していて、住所や個人名なども含めた情報がダークウェブに存在しないかを調べることができます。

私のメールアドレスが流出しているかを調べたところ、9件。パスワードとウェブサイトもセットで漏洩しているようでした。

…… パスワード設定のコツ

複数のサイトで、同じパスワードを使う人も多いのではないでしょうか。1つのサイトから漏洩しただけで、クレジットカードを使われたり、お金を盗まれたりする危険があります。CISA（公認情報システム監査人）の資格を持つ私としては「そんなことあり得ない！」と言いたいところですが、正直、昔のウェブサイトについては自信がありません。

また、生年月日や電話番号といった少し調べればわかるパスワードも危険です。Chromeなどのパスワードジェネレーターで強固なパスワードをつくるのも安心ですが、記憶しておくことができず不便です。そこで、小技テクニックがあります。

①生年月日や電話番号ではない情報を元データとして使う
②基本となるパスワードを決める。大文字、数字、記号があると使いやすい
③基本のパスワードの前後どちらかにそのサイトの略称のようなものを付ける

3:Pwned Passwords
（英語）https://haveibeenpwned.com/Passwords

4:Norton
https://jp.norton.com/

例えば、②を「ab1*」するなら、Yahoo.co.jpのパスワードはab1*YHというようにします。これなら簡単に覚えられて、サイトごとに違うパスワードを設定できます。共通点はありますが、いくつかのサイトを破らないと法則がわからないため、比較的破られにくいでしょう。

また**二段階認証は基本的に設定する**ようにしましょう。パスワードが破られても、そこで食い止めることができます。

なお、**パスワードを忘れたときに出てくる質問**があります。「昔飼っていたペットの名前」「母親の旧姓」といったものですね。これに**本当の答えは書かない**ようにしましょう。本当の名前にすると簡単に答えられてしまうかもしれません。

ここがずるい！

- **他人に個人情報を渡さない**
- **パスワードなどに問題があれば対応できる**
- **バレづらいけれど思い出しやすいパスワードを設定できる**

セキュリティの専門家に聞く「個人が持つべき情報を守る意識」

ある日会社のネットワークにサイバー攻撃があり、会社の機密情報が漏洩した。システムが突然動かなくなり取引が停止し、大きな機会損失を生む。そんなニュースをよく見かけます。このような問題が起きないようにするために、どのようにして情報を収集し、予防をすればいいのでしょうか。

私も公認情報システム監査人ではありますが、この問いに答える十分な知見はありません。そこで伊藤忠商事の上級サイバーセキュリティ分析官である佐藤元彦氏にお話を伺いました。

佐藤元彦（さとう・もとひこ）

2003年から情報セキュリティサービスを公共・民間問わずさまざまな形式で実施し、2006年から現在まで伊藤忠商事株式会社にて、IT企画部技術統括室ITCCERT上級サイバーセキュリティ分析官として、本社及びグループ会社へのサイバー攻撃を未然に防ぐ仕事に従事。また、2023年より伊藤忠サイバー＆インテリジェンスのCTOも務める。

「脆弱性」はTwitterで見つかる

サイバーセキュリティの世界は情報戦の世界です。いち早く弱点に関する情報を見つけた者が攻撃するか防御できるかで勝敗が分かれる、厳しい世界です。

システムの弱点を「脆弱性」、その脆弱性を攻撃してシステムに侵入し、システムの破壊や情報窃取を試みることを「サイバー攻撃」と言います。

脆弱性は、アプリケーションやソフトウェアのあらゆる所に潜んでいる可能性があります。ただし、それらの脆弱性に関する情報は公的なサイトにすぐに出るわけではなく、その対応に資する情報もさまざまな方式で公開されていることから情報収集が重要になります。

そのような脆弱性の情報を見つけるために、現在多く使われているのはTwitterです。

なぜTwitterなのか。従前からサイバー攻撃対策において重要な要素の1つが情報共有だといわれており、Twitterが情報共有の基盤として有効なプラットフォームであることが挙げられます。

例えば、脆弱性に関する情報として、「CVE（Common Vulnerabilities and Exposures）：共通脆弱性識別子」というものがあります。例として、「CVE-2022-44268」は2022年に見つかった脆弱性の連番です。

こうした情報は「CVE-MITRE※1」というサイトに掲載されますが、定型のフォーマットの情報のため受け取る側としてはその影響を測りかねることがあります。

一方で、ホワイトハットハッカーやセキュリティの専門家は、発見された脆弱性を分析した結果をTwitterで発信することが多くあります。それらの情報を、「cve」「cve 44268」といったキーワード検索で探すことでより鮮度の高い情報が入手できるのです。

そして、この脆弱性を使った攻撃が起きているかどうかや攻撃方法が公開されているかも重要です。脆弱性があってもすぐに問題になるとは限りません。その脆弱性の悪用が簡単か、攻撃方法が公開済なのかはとても重要です。

セキュリティ業界では「ハニーポット」と呼ばれる、あえて攻撃しやすく見えるサーバーをネットワーク上に設置して、攻撃を受けることで攻撃情報を観測しています。そのようなハニーポットが攻撃を受けている情報があれば、すぐに対策をしなければならないと考えるわけです。

さらに、そのような情報から、自分のウェブサイトやサーバーやネットワー

1:CVE-MITRE
（英語）
https://cve.mitre.org/

クのログなどを調べて、その攻撃が自社のサーバーに仕掛けられていないか調べることもできます。

攻撃方法は「PoC(Proof of Concept)」と呼ばれ、その脆弱性が存在することを証明する実証コードです。このPoCがあると誰でも脆弱性を悪用できることから、セキュリティ専門家は積極的にPoCの有無に関する情報交換をしています。

ソーシャルメディアへの投稿は慎重に

このようにソーシャルメディアはビジネスにも有効なコミュニケーションツールですが、その使い方によっては大きな問題に繋がることもあります。

例えば投稿された写真に周囲の文字情報などが写り込んでおり、そこから撮影場所が特定できることがあります。撮影日時がわかる場合、陽の当たり方によって太陽の位置を推定しておおよその場所を特定する人もいます。

そのようなスキルがなくとも、最近では写真から類似の場所の情報を探し出すこともできます。

また、仲間内でしか見ていないと思って自社に関わる投稿をすると、重大な情報漏洩に繋がることがあります。例えば「会社のパソコンがサイバー攻撃を受けて使えない」というような投稿が大きな問題になることがあります。実際に大規模なサイバー攻撃が発生した際に、その会社の情報システム担当が同じ社内の友達に被害状況を赤裸々に語る投稿がされたこともありました。

ソーシャルメディアの「裏アカ特定」という怪しいサービスが世間を騒がせましたが、就職の際に履歴書を提出するときに使われる個人のメールアドレスからソーシャルメディアのハンドルネームを割り出すこともできてしまいます。

メールアドレス内に普段のハンドルネームに使用している文字列がある場

合、「HandleFinder※2」（無料）というツールを使えば、ハンドルネームに同じ文字列を使ったソーシャルメディアでの行動履歴や投稿内容を見ることができます。

いろいろなソーシャルメディアのハンドルネーム（アカウント名）やメールアドレスに、同じような文字列を使う人は多いと思います。例えば「ejiri○○」「△△ejiri」といったかたちですね。ほかにもLINEやFacebook、ゲームのキャラの名前などでその人がハンドルネームとしてよく使う言葉は見つかると思います。

このサイトは特定の文字列を入力することで、その文字列がハンドルネームとして使われているソーシャルメディアを照会できます。また、以前使っていたアカウントを追いかけると、ほかのソーシャルメディアのアカウント情報が載っていることもあります。

これを使うと、検索したハンドルネームで登録のあるソーシャルメディアがすべて出てきます。もう本人すら忘れてしまったアカウントもリストアップされて、過去にどんな投稿をしていたかなども知られてしまうこともあります。

発信した情報は内容によっては危険性があるという意識を持つようにしましょう。

情報を守る方法は攻撃する方法にもつながる

よい情報を見つけることは重要ですが、悪い情報を見つけられないようにすることも重要です。

サイバー攻撃者もまた脆弱性情報を探し、そして脆弱な組織を探しています。例えば、システムの情報を暗号化して身代金を要求するサイバーランサム攻撃では、サイバー攻撃者は被害者の情報をダークウェブと呼ばれるネットワーク内の暴露サイトに設置し、暗号化だけでなく情報を公開することも含めて脅迫してきます。また、ECサイトから窃取された個人情報やクレジット

2:HandleFinder
（英語）
https://www.handlefinder.com/

カード情報が売られるアンダーグラウンドマーケットもあります。

このようにサイバー攻撃者は攻撃の成果を金銭に替える方法を持っていることから、サイバー攻撃を仕掛けるモチベーションはなくならないどころか、より高くなってきていると言えます。

これらの攻撃の対象は決して組織だけではありません。時には個人が狙われて、クラウドに保管している情報が脅迫の対象になったり、その人物に成りすませる身分証明書を含む個人情報が盗られたり、勤め先に侵入するための情報が取得されたりする事件も多発しています。

企業や個人はサイバー攻撃者に付け込まれないよう必要に応じて自分に脆弱性がないかを調べ、また自分から脆弱性があることを開示しないように注意しなければなりません。

少し専門的な話になってしまいましたが、インターネットで誰でも簡単に情報を調べることのできる環境の裏側には、限られた人しか知らない危険な情報もある。そのことは覚えておいたほうがいいでしょう。個人情報や機密情報も含めて、すべての情報の取り扱いには注意が必要です。

第5章

「コンテンツ作り」で周囲に差を付ける

ずるい検索 31

質の高い文章にするためのネタを探す

ウェブサイトなどで記事を作成するときに、どのようなコンテンツを作成すればよいか、似たような文章を検索して参考にすることがあるでしょう。価値のある文章を作るために、SEO を活用した方法を紹介します。

こんなときに役立つ！

・自社の記事を上位表示させたいとき
・ユーザーにとって価値あるコンテンツを作りたいとき
・上位表示されるサイトで使われる言葉を知りたいとき

上位表示に使われる言葉を参考にする

Googleなどの検索エンジンは、人にとって有用な情報を表示しようと日々努力しています。多大な労力をかけ、上位に表示させたい文章を判別するためのプログラムをつくっています。検索エンジンがコンテンツの重要性を判断する上では、さまざまな情報が使われます。**自分の文章に有用な情報を加えるためのヒントをSEOの視点で学ぶ**ことも有効です。

最も有名なものは「ページランク」という指標で、「多くの人にリンクされているコンテンツは多くの人が見たいコンテンツである」というルールです。これは学術論文の評価として、引用が多い論文ほど有用な論文であるという評価方法がヒントになっているといわれています。

SEOの技術として、以前はリンクを貼るなどの技術的な方法が多かったのですが、Googleの度重なる改良によって、検索した人にとって有用な情報をウェブサイトに掲載したほうが上位に上がりやすいようになりました。

ユーザーが求めている情報に使われる言葉とは

では、ユーザーにとって有用な情報とはどのようなものなのか。
例えば以下の文章があります。

「パソコンは現代の企業にとってなくてはならない道具です。パソコンは製品によって高機能・高価格なものから、機能を抑えた低価格のものまでさまざまな種類があります。パソコンは人々の生活、仕事に深く浸透しており、人によっては2つ以上のパソコンを持つことは珍しくありません」

一見もっともそうな文章ですが、薄い内容だと言えます。パソコンを「携帯」や「タブレット」にしても成り立ってしまいます。
SEOの視点として有用な内容とは、次のようなものです。

「パソコンは、キーボードとディスプレイを用いる個人向けのコンピューターです。デスクトップ、ノートパソコンなどの種類があり、OSもmacOS、Windows、ChromeOSなどが存在します。一般向けにはレノボなどのメーカーによるWindowsのOSを入れたパソコンが普及していますが、最近はタブレットPCと呼ばれるChromeOSを入れたパソコンも学校などで利用が増えています」

特定の言葉に関連して同時に用いられることの多い言葉を「共起語」と言います。「パソコン」に対し「ノートパソコン」「OS」「レノボ」などが共起語に当たります。
Googleとしては検索するユーザーの役に立つウェブサイトを紹介しようと

します。検索した言葉に関係が深く、かつ、ほかでは使われないような言葉が含まれているコンテンツは、探しているワードに関係が深く有益な情報だと判断します。つまり、**検索で上位表示されるサイトで使われている共起語は、ユーザーの満足度が高まるワード**だと考えることができます。

よく使われる共起語を調べる

無料で共起語を検索できるサイトがあります。

「ラッコキーワード[※1]」（無料。有料のプレミアム機能あり）というツールがあります。**入力した言葉が使われ、かつ上位表示されているウェブサイトで頻出する共起語**を教えてくれます。また、**「ruri-co[※2]」**（無料）というツールでも、キーワードに関する分析ができます。**上位に表示されているページで、そのワードがどのくらい使われているか**がわかります。

ただし、共起語を入れて上位表示と似たような文章を作るのは本当に重要なことではありません。SEOとして共起語を無理に詰め込むと、Googleは不自然にSEOをしていると判断して評価を下げるともいわれます。

Googleの検索結果で上位に上がるかどうかは、自分しか書けない情報や意見、見過ごされがちな側面など、ほかにも多くのことが影響します。そして傾向は日々変化し、専門家でも断言は難しい世界です。結局はユーザーにとって価値がある情報は何かを模索することが、検索エンジンでも評価されるコンテンツを作ることに繋がると考えましょう。

ここがずるい！

- 上位表示されるコンテンツを作れる
- ユーザーにとって有益なコンテンツを作れる
- SEOをしながら、語彙を増やせる

1: ラッコキーワード
https://related-keywords.com/

2:ruri-co
https://ruri-co.biz-samurai.com/

ずるい検索 32

詳しくないことについてAIに説明してもらう

ChatGPTをはじめとした対話型のAIが、いま話題になっています。自分の知らないことや詳しくないことについて質問すれば、世界中のネット情報を探して、瞬時に答えを返してくれます。便利な使い方について考えてみましょう。

こんなときに役立つ！

- 知らないことについて調べるとき
- 難しいことをわかりやすく説明したいとき
- 専門的な文章の作成を効率化したいとき

知らないことをAIに聞いてみる

報告書やプレゼンテーションで詳しく知らないことについて解説しなければならないとき、多くの人は検索エンジンで調べて文章を作るでしょう。

しかし、検索した結果、適切な説明文が出てこないこともあります。または一般的過ぎて伝えたいことからズレてしまっていたり、難易度が高過ぎたりすることもあるでしょう。絞り込みや条件変更しても期待しているような内容が出てこない……なんていう経験もあるはず。

そもそも、検索して出てくるのはほかのウェブサイトに掲載されている文章です。参考にすることはできても、そのまま使うことは著作権の侵害になってしまいます。1つひとつ読み込んで自分でリライトしていく必要があるわけですが、目的の文章を見つけてリライトするには時間がかかるものです。

そんなときはAIに聞いてみましょう。

「ChatGPT※1」は会話形式で質問に答えるAIです。アカウントを作成すると無料（有料版あり）で使うことができます。

例えば株価チャートによく使う「箱ひげ図」について、株価以外の使い方の例を探すとします。

箱ひげ図とは、四角い箱の上下にひげが生えた形をしている、グラフの表現方法です。平均に加え、データのばら付き具合を示すのに使われます。折れ線グラフでは1つの値しか表現できないのに対して、箱とひげで最高値や最低値などがわかるので、値動きを細かく知りたい株価などでよく使われます。今回はそれ以外の箱ひげ図の使われ方を探してみましょう。

検索エンジンなら、「箱ひげ図 例 -株価」というような検索になります。それで箱ひげ図の説明は出てくるものの、例を探すためには1つひとつ見ていく必要がありそうです。

ChatGPTの場合、「株価以外の箱ひげ図を使う例を教えてください」と入力すると、以下の回答を得ることができました。

箱ひげ図（box plot）は、データの分布や統計的特徴を視覚化するための有用なグラフです。株価以外で箱ひげ図を使用する例をいくつか挙げます。

1. 学生のテストスコア: 箱ひげ図を使用して、クラス全体または複数のクラスの学生のテストスコアを比較することができます。各箱ひげ図は、中央値、四分位範囲、外れ値などの統計的な情報を提供し、異なるクラスのパフォーマンスを比較するのに役立ちます。
2. サッカーチームの得点: 異なるサッカーチームの得点を比較するために、試合ごとの得点データを使用して箱ひげ図を作成することができます。各箱ひげ図は、得点の中央値、得点範囲、外れ値などの情報を示し、チームの攻撃力やゲームごとの変動を可視化するのに役立ちます。
3. 人口統計データ: 箱ひげ図を使用して、異なる地域や国の人口統計データを比較することができます。例えば、複数の都市の人口密度や平均所得レベルを比較するために、各都市のデータを使用して箱ひげ図を作成することができます。
4. 製品の売上データ: 異なる製品の売上データを比較するために、各製品の売上データを使用して箱ひげ図を作成することができます。各箱ひげ図は、売上の中央値、売上範囲、外れ値などの情報を示し、製品の需要や市場の変動を可視化するのに役立ちます。

これらは、株価以外で箱ひげ図を使用する一般的な例です。箱ひげ図は、データの分布や異常値の特定に役立つため、さまざまな分野で幅広く活用されています。

1:ChatGPT
（英語）
https://openai.com/blog/chatgpt

専門的な内容をAIに聞いてみる

ChatGPTは技術的に専門的な内容でも答えてくれます。

例えば、「予約フォームをBigQueryデータベースに登録するテーブル定義を設計してください」と入力すると、下記のように出力されました。

テーブル名: reservation_form

カラム名	型	概要
reservation_id	INTEGER	予約のID
name	STRING	予約者の名前
email	STRING	予約者のメールアドレス
phone_number	STRING	予約者の電話番号
date	DATE	予約日
time	TIME	予約時間
number_of_people	INTEGER	予約人数
special_requests	STRING	特別な要望
created_at	TIMESTAMP	予約作成日時
updated_at	TIMESTAMP	予約更新日時

続けて、「それではこのテーブル定義をSQL文にしてください」と入力すると、SQL文を出力してくれます。

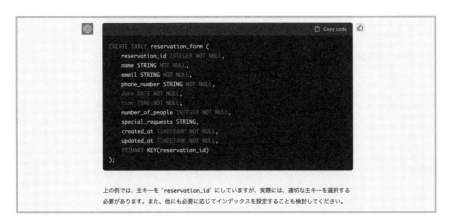

Copy code

```
CREATE TABLE reservation_form (
    reservation_id INTEGER NOT NULL,
    name STRING NOT NULL,
    email STRING NOT NULL,
    phone_number STRING NOT NULL,
    date DATE NOT NULL,
    time TIME NOT NULL,
    number_of_people INTEGER NOT NULL,
    special_requests STRING,
    created_at TIMESTAMP NOT NULL,
    updated_at TIMESTAMP NOT NULL,
    PRIMARY KEY(reservation_id)
);
```

上の例では、主キーを `reservation_id` にしていますが、実際には、適切な主キーを選択する必要があります。また、他にも必要に応じてインデックスを設定することも検討してください。

ここまで2分程度。人力でやればどんなプログラマーでも1時間はかかると思います。

同じ質問でも繰り返すと回答が変わります。求めているものでなければもう一度聞いてみたり、内容を付け加えたりするといいでしょう。また、日本語よりも英語のほうが反応スピードが早くなり、内容も変わってきます。日本語と英語の両方で質問してみるのもお勧めです。

これからAIは、さまざまな人の質問やその内容の評価を覚え、どんどん進化していくでしょう。将来的には検索エンジンより便利なツールとして利用されるようになると思います。

しかし、**現段階では誤った内容を含んでいたり、単純なエラーを起こしたりすることもわかっています。内容については、必ず事実関係の確認**をしてください。

ここがずるい！

- **知らないことをざっくり理解できる**
- **文章の作成時間を短縮できる**
- **難しい作業も短時間でこなせるようになる**

ずるい検索 33

AIに仕事をアシストしてもらう

生成系AIが一気に使いやすくなったことで、従来の仕事の仕方が大きく変わる可能性があります。ただし、その信憑性にはまだ疑問が残されています。そういったなかでどのようにAIを生かすのかについて、考えてみましょう。

こんなときに役立つ！

- ブログのテーマを思い付かないとき
- 興味のあるジャンルで新しいことを知りたいとき
- コンテンツ作りのとっかかりが見つからないとき

……AI活用のポイントは「仮説立案の補助」

AIを活用すべき最大のポイントは、「仮説立案の補助」です。

ビジネスパーソンの方であれば「仮説」を立てることの重要性は感じていると思います。問題解決を担う上で先に仮説を立てることで飛躍的に生産性が高まります。

ただ、「問題解決のための仮説立案」と書くと、少々重く感じるかもしれません。もう少し砕いて言うと、**「何から探していいかわからないときに、その方針を決めてくれるお手伝い」**にAIは向いています。

例えば、著者は1年以上毎日欠かさずブログを書いています。自身の好きな「科学」をテーマにしているのですが、好きであってもさすがに400回以上も続けるとネタが尽きてきます。そんなときに、AIに助けてもらって作業生産性を高めています。

執筆時点で盛り上がっているChatGPT※1を使っていますが、すでに対抗ツールが出ていますので、いろいろと試して相性を探ってみてください。

まず、何を書きたいのかがノーアイデアのときは、「科学で面白いニュースを教えて？」などと大胆に聞いてみましょう。

今回は、以下のような結果が返ってきました。

> はい、こちらのニュースはいかがでしょうか？
>
> 最近の研究によると、カメレオンは自分自身の舌を飛ばす際に、私たちが思っていたよりもはるかに高速で加速することがわかりました。以前は、カメレオンの舌は約20ミリ秒で獲物に到達すると考えられていましたが、新しい研究によると、実際にはわずか0.07ミリ秒で到達しているということが分かりました。これは、人間が瞬間的に移動する物体を見ることができるのに十分な速さですが、カメレオンの舌は、その速さをはるかに超えています。
>
> この発見は、カメレオンの舌を研究する上で非常に重要であり、将来的には、より高速な移動を可能にする新しい技術の開発に役立つ可能性があります。また、この研究は、生物学、物理学、および工学の分野での協力の重要性を強調しています。

気に入らなかったら、追加要求してみてください。もう一度「ほかのネタはありますか？」と聞いてみると、下記のような追加回答がありました。

ネタとして使えると判断できるまで、このラリーを続けてください。AIは疲れを知らないので、遠慮せずにガンガン聞きましょう。

1:ChatGPT
（英語）
https://openai.com/blog/chatgpt

> はい、もう一つの興味深いニュースは、最近発見された可能性のある新しい惑星の発見です。この惑星は、太陽系からわずか30光年の距離にあり、地球よりもわずかに大きいと考えられています。しかも、この惑星は、生命が存在する可能性がある「ハビタブルゾーン」と呼ばれる領域に位置しているとのことです。
>
> この発見は、太陽系外惑星の探索と生命が存在する可能性がある惑星の探索を推進するために重要なマイルストーンとなっています。さらに、この惑星の存在は、宇宙には地球以外の生命体が存在する可能性があることを示唆しています。
>
> このような発見は、宇宙研究に興味のある人々にとっては、非常に興味深く刺激的なものです。

このネタが気に入ったら、深掘りします。この場合だと、新しく発見された惑星をもっと知りたいですね。「その惑星は何と呼ばれていますか？」と聞いてみます。

> この新しい惑星には、まだ正式な名前がつけられていません。現在、この惑星は「TOI-700d」という仮称で呼ばれています。TOI-700dは、NASAのTESSミッションによって発見され、その後、地球からわずか30光年の距離にある「TOI-700」という恒星の周りを公転していることが判明しました。TOI-700dが正式な名前を持つようになるかどうかは、今後の研究によって決まることになります。

ここでは「NASAのTESS」という興味深いミッション名が登場しました。

このケースでは、いったんこのネタでブログを書こうと決めました。ちなみにここまでの作業を1分以内で終わらせています。AIとの対話は楽しいのでいくらでもできますが、**「目的は生産性向上」なので、AIとの対話で無駄に時間を使わない**ように気をつけましょう。

…… そのまま使うのは絶対にNG

AIを使って仕入れたネタをそのまま書くのは「絶対にNG」です。あくまでAIは何かの元ネタから学習していることを忘れないようにしましょう。その元ネタが正しいかどうかはわかりませんし、元ネタにたどり着くことはほぼ不可能です。

あくまでAIの書いたネタは「きっかけ」だと割り切ります。今回の例で言えば、「TOI-700d」を検索します。何もヒットしなかったらAIのミスだと思ってください。逆に数が多ければアンド検索などで絞り込みます。そうしてある程度信頼のおけるメディア記事を読み込んだ上で、執筆を進めます。私はこれで平均30分ほど執筆時間を短縮しています。

今回は「ブログを書く」という日常的なシーンでAIの使い方の例を書きました。文章の作成に限らず、仕事のとっかかりに迷ったときは、まずはAIに語りかけてみてください。

執筆以外でも、文章の作成全般に役立ちます。例えば文章の要約、「より格調高い文体に代えて下さい」などといった文体調整、さらにはChatGPTを読み手にした「壁打ち」など、プロンプトを工夫することで幅広く活用できます。

正確性と機密性に気を付けながら、作業生産性UPにチャレンジしてみてください。数をこなすことでAIとのお付き合いも洗練されてきます。

ここがずるい！

- 「何を書くか」に迷わなくなる
- 「知らない内容」についても書けるようになる
- 書いた文章の文体を変えることができる

ずるい検索 34

AIからドキュメントに直接文章を書かせる

生成系AIが一気に使いやすくなったことで、仕事の仕方が大きく変わる可能性があります。その信憑性はまだまだですが、効率化に役立つ面もあるようです。ここでは、Google Docsに直接文章を書かせてみます。

こんなときに役立つ！

- 砕けた文体の文章を書きたいとき
- わかりやすい文章を書きたいとき
- ちょっと変わった文章を書きたいとき

直接書き込むことで時間短縮

さまざまな文章を作ることのできるChatGPTに、直接Google ドキュメントへ文章を書いてもらいましょう。ChatGPTから書き写すのではなく、直接書き込ませることで時間が短縮できます。また、さまざまな設定によって文体や内容を変更することができます。

先にお伝えしておくと、**少なくとも執筆時点でAIが書いた文章は完璧ではありません**。文章がおかしいこともあれば、参考例などに存在しないウェブサイトや内容が含まれることもあります。必ず書いた文章を確認して精査する必要があります。それでも、その書き出しの検討や事例の抽出などをする時間の大幅な短縮には役立ちます。

やり方は「ずるい検索12」で紹介した、Google Sheetsに自動更新される表を作るのと同様の流れです。

① ChatGPT[※1] にログイン。「メールアドレスでのアカウント作成」「Google アカウントでのログイン」「Microsoft アカウントでのログイン」「Apple ID でのログイン」から選べるので、今回の場合「Google アカウントでのログイン」を選択
② OpenAI の「Billing overview」ページ[※2] から、「Upgrade」を選択。「Setup paid account」からクレジットカードを登録
③「Billing overview」ページに戻り、「API Keys」を選択。「Create new secret key」をクリックして Key（一度しか使えないパスワード）を発行。Key をコピーしておく
④ Google Docs の拡張機能「GPT for Sheets™ and Docs™[※3]」をインストール
⑤ 上記①と同じ Google アカウントで Google Docs を開き、メニューバーから「拡張機能」をクリック、「GPT for Sheets™ and Docs™」にマウスを合わせ、「Set API Key」を選択
⑥「Enter your OpenAI API key」と求められるので、③でコピーした Key を貼り付ける

このとき、いくつかの条件を満たさなければ機能しません（アドオンは起動するがデータは表示されない）。特に①のChatGPTへのログインとGoogleスプレッドシートへのログインを別のアカウントでしていることが原因な場合が多いので、注意してください。

……いろいろな条件を設定して書いてもらう

以上の作業をした上で、Google Docsの「拡張機能」から、「GPT for Sheets™

1:ChatGPT
（英語）
https://openai.com/blog/chatgpt

2:Billing overview
（英語）
https://platform.openai.com/account/billing/overview

3:GPT for Sheets™ and Docs™
（英語）
https://workspace.google.com/marketplace/app/gpt_for_sheets_and_docs/677318054654

and Docs™」にカーソルを合わせ「Launch」を選択することで、ChatGPTからGoogle Docsに書いてもらうことができます。ChatGPTを直接操作するときとは違う操作で、いろいろと条件を設定できます。

■Select action

どのような内容をお願いするかを選びます。「Write custom prompt」で入力したプロンプトにもとづいて書いてもらうこともできれば、「Fix grammar and spelling」で校正をお願いすることなどもできます。

■Insert Settings

ドキュメントのどこに生成した文章を差し込むかや、プロンプトをドキュメント上に書き入れるかを指定します。

■Set Behavior

ここでは書き手の立場を明確にします。あらかじめ設定されている項目のほか、「小学校の教師」のように自分でも指定できます。また「小学生に教える」といったように、読み手のことも書いておくといいでしょう。

■Model

ChatGPTにはいろいろなエンジン（AIとして動くプログラムの種類）があります。スピードが速いけどあまり考えないもの、より高度だけど出力が遅いものなどです。費用もエンジンごとに変わってきます。

そこで、どのエンジンにお願いするかを書きます。コードを書くエンジンとテキストを書くエンジンに分かれ、それぞれスピードが速いものや遅いものがあります。

■ **Temperature**

数字が大きいほどクリエイティブに（想像力を働かせて）書いてくれます。

■ **Max response tokens**

使うトークン数を選びます。ここでいうトークンとは、文字量のようなイメージです。長い文章はトークンをたくさん消費します。

■ **Presence penalty**

■ **Frequency penalty**

数値が大きいほど同じ単語を使わなくなります。ただし、数値が大きいほどトークンを消費します。

■ **Top P**

Temperatureと相対するもので、これを使うときはTemperatureを高くします。数値を低くすると文章の多様性が低くなり、高くすると文章の多様性が高くなります。

上記のセッティングをしてプロンプトに作ってほしい文章のリクエストを書きましょう。日本語でもOKです。当然ながら細かく求めている内容を書いたほうが期待通りの内容を出力してくれます。

AI執筆の実例

以下の依頼をしました。

ChatGPTがどのような目的で開発され、どのような進化をしたのか教

えてください。また現在のChatGPTの機能を箇条書きで書いてください。全部で1000文字で書いてください。

・Select action:Write custom prompt
・Insert Settings: Insert at cursor/ below selection
・Set Behavior:Tech writer
・Model: text-davinci-003
・Temperature:0
・Max response tokens:3900
・Presence penalty:2
・Frequency penalty:2
・Top P: 0

出力されたのが、この文章です（前半は正しいのですが後半は意味不明な結果でした）。

ChatGPTは、自然な会話を可能にするためのオープンソースプラットフォームであり、AI技術とNLP（Natural Language Processing）の概念が組み合わされています。開発の目的は人工知能エンジニアリングの専門家から初学者まで幅広く使用してもらうことを目的に作成されました。

ChatGPTの開発以来、多数の高性能機器学習モデルが導入されてきました。本格的なチャットボットシステムの完成形と見なすことも出来るレベルだった2020年4月時代のバージョン2.0版から新機軸「Contextual AI」の投入に加え複雑化・高速化・低コスト化を図っていき大量生産対応サイズ感覚再考中であり2021年3月1

ChatGPTは、自然な会話を可能にするためのオープンソースプラットフォームであり、AI技術とNLP（Natural Language Processing）の概念が組み合わされています。ChatGPTの開発の目的は、人間の存在感のある対話シナリオを作成し実装することでした。以前から存在してきたチャットボットテクノロジーも使用されましたが、本格的な機能性を備え始めてから大幅に進化・変革されました。現在のChatGPTの機能：

• 複雑な文章理解 - マルチターンコンバージェンスモデル内部で協調動作；深層ニューラルネットワークアイディアの完全制御．

• 高度なレベルの精緻性 - 導入者特定，コマンド処理，多面体回避戦略．

• 最小限の労力 - あっという間にセッティグサイト上だけで数日以内にBotエンジニアリストが生成可能．　• サブトピック／フィールド依存情報 – Botエンジニヤリストは独特の領域(eCommerce) or (Healthcare) etc.. に重要情報を促進可能．　• AI／MLアルゴリズム – NLPパイプライんツ&MLアルゴリズム & Deep Learning Algorithms for Natural Conversation Generation and Understanding

ChatGPTを使いこなさなければいけないのか？

上記のように、AIに依頼した仕事がかならず正しいアウトプットを返すとは限りません。**内容について正しいかどうか判別するのは人間**で、判別できない仕事をAIに任せることはできません。

これからChatGPTなどの人工知能によるチャットツールが、ますます普及していくでしょう。ただし、**すべてのビジネスパーソンがAIチャットツールを使いこなすことができないといけないのかといえば、私はそうは思いません**。

いま人気のAIチャットツールは、そこで使われている技術によって実現できることを、一般の人にもわかるように紹介するためのサンプルのような位置付けだと考えています。

今後は、これらのAIツールを組み込んださまざまなソフトウェア、ハードウェアが実装され、私たちは今後役割に応じてそれぞれのAIを組み込んだソリューションを使うことになるでしょう。

そのときに**大事になるのは、適切な仕事の指示、質問の仕方、ターゲットの特定**です。これまで、仕事に必要な能力は、適切な答えを知っていて表現することでした。これからは、適切な問いを立てて、答えの正しさを判別できることになる。いまはその転換期にあると思います。

ここがずるい！

- **ターゲットに合わせた文章が書ける**
- **簡単に雰囲気の異なる文章を書ける**
- **短い時間で印象的な文章を書ける**

ずるい検索 35

文章がパクリでないかを調べる

他人の論文や書籍を自分の文章として発表することは、著作権法違反になります。Google などでも、盗用された記事は評価を下げる傾向にあります。自分の行動が著作権を侵害していないか、チェックする必要があります。

こんなときに役立つ！

- 公に発表する文章を書くとき
- 文章が盗用でないかを知りたいとき
- AI で書いた文章かどうかを知りたいとき

剽窃（ひょうせつ）・盗用のチェックツール

悪意がなくても、盗用や剽窃になってしまうケースがあります。現在はさまざまなチェックツールがあるので、不安な場合は活用するようにしましょう。

■ CopyContentDetector※1

簡単に使えるチェックツールです。CSVやテキストファイルを利用した一括登録も可能です。

無料版では、コピペチェックの文字数は25文字から4000文字と短めの文章向きです。有料版にすると、8000文字までチェックできます。また、チェック完了までの待機時間が短縮でき、1回の文字数やファイル登録数の上限が増加します。

1:CopyContentDetector
https://ccd.cloud/

■ Dupli checker※2

「.tex」「.txt」「.doc」「.docx」「.odt」「.pdf」「.rtf」といった複数のファイル形式に対応しています。英文や画像の盗用も検索できます。

無料でも利用できますが、検索できる単語数に制限があります。有料版は必要な単語数に合わせて、金額を自分で選択できます。

■ こぴらん※3

ウェブサイトやブログで似た原稿がないかを調べることができる、無料のツールです。「似ている文章」を使っているサイトの数や内容を確認できます。

■ Chiyo-co※4

自然言語処理を加えることで、まったく同じ文章ではなくても類似した文章を発見できるよう、精度を高めたツールです。URLを指定して文章を取り込めるところが便利です。

無料版では1000文字×10回利用可能、有料版では利用回数が増加し、解析結果をCSVファイルでダウンロードすることができます。

■ sujiko.jp※5

特定のウェブページ同士を比較して、類似性をチェックすることに特化したツールです。ひと目で判別でき、短めの文章の比較に向いています。基本無料で利用可能で、会員登録をすることで利用回数を無制限にすることができます。

■ COPIPERIN※6

ウェブサイト上の文章の盗用を確認することに特化したツールです。開発者がアフィリエイトの代行サービスをしていたこともあり、文章ごとの類似性を

2:Dupli checker
https://www.duplichecker.com/ja

3: こぴらん
https://copyrun.net/

4:Chiyo-co
https://kagemusya.biz-samurai.com/

5:sujiko.jp
http://sujiko.jp/

6:COPIPERIN
https://saku-tools.info/copyperin/

確認することができるなど詳細な機能が特徴です。ファイルに保存した文章やURLから似たウェブページを探すなど複数の機能があります。

チェック結果はアラート表示やグラフ化することができ、レポートとして出力することも可能です。基本有料で、決済後でも使用感に不満がある場合は返金できる返金保証（期限あり）が付いています。操作方法などのサポートもあります。

AIが生成した文章でないかを調べる

上記は人が書いた文章の盗用を調べるツールです。ほかの項でも紹介したように、最近はAIに文章を生成させることもできます。最近問題になっているのは学校での読書感想文や授業のレポートなどの学生への課題や宿題です。読んでいなくても読んだような文章をAIに書かせることが可能になっています。そこで、**AI生成の文章かどうかを判定する**サイトを紹介します。

ChatGPTを提供するOpenAIが**「AI Text Classifier※7」**というサイトを提供しています。ChatGPTと同様、無料で簡単に使うことができます。

チェック判定したい文章を「Text」の部分に貼り付けます。こちらに文章を入れることでAIが生成した可能性を示してくれます。

解析判定結果のメッセージは英語で、下記のような回答が返ってきます。

- **"The classifier considers the text to be likely AI-generated"**
- **「文章は AI によって生成された可能性が高いです」**

- **"The classifier considers the text to be very unlikely AI-generated. "**
- **「文章は AI によって生成された可能性が非常に低いです」**

AIは便利ですが、このように意図せず他人の著作権を侵害する可能性もあ

7:AI Text Classifier
（英語）
https://platform.openai.com/ai-text-classifier

ります。また、自分たちが学習させたAIの出力がモデルに反映されることで、機密情報の漏洩に繋がることもあります。学習結果をモデルの改良に使わないように選ぶことができるツールもあるので、確認しましょう。

ここがずるい！

- 文章が盗用ではないかを簡単にチェックできる
- 著作権に関するトラブルを避けられる
- 自社や自分の信用を落とさずに済む

ずるい検索 36

ビジネスに使える写真素材を集める

プレゼン資料やホームページ、ソーシャルメディアなど、画像が必要になる機会は多いでしょう。しかし、通常の検索で見つかった画像を使用するのは著作権の問題があります。商用利用ができる画像を探しましょう。

こんなときに役立つ！

- パンフレットを画像で飾りたい場合
- ソーシャルメディアで画像が必要なとき
- 欲しい画像がなかなか見つからないとき

人物写真検索で活用したいサイト

人物の写真を活用することでインパクトを与えることができ、商品やサービスのイメージアップにも繋がります。また、プレゼンテーションの資料に使用することで聞く人の関心を引きやすくなり、プレゼン効果を高めることもできます。

人物モデルの写真が検索しやすいサイトをご紹介します。

■ photoAC※1（無料）

日本人のモデル写真が多く、「笑顔」「びっくり」など細かい条件で絞り込み検索が可能です。パンフレットなどのモデル写真に活用しやすいでしょう。

1:photoAC
https://www.photo-ac.com/

■O-DAN※2（無料）

海外のモデル写真が多く、風景の画像も異国感溢れる写真が多くあります。日本のカメラマンの提供写真も多く、40以上の有名ストックフォトサイトから日本語で横断検索できます。

自然や風景の写真検索で活用したいサイト

風景や自然の写真が必要なとき、好みの画像がなかなか見つからなかったり、見つかっても解像度が悪かったりすることがあります。風景や自然の写真に特化したサイトを紹介します。

■PAKUTASO※3（無料）

美しい景色や風景の写真や、AIで生成した画像が多くポスターやDMに利用しやすいのが特徴です。

「春」「冬」などの季節や、「光」「木漏れ日」などのキーワードでも検索できて便利です。また、素材の活用例も掲載されているので創造性のある活用が可能です。

■Pixabay※4（無料）

画像だけでなく動画素材やイラストも利用でき、あらゆる場面で活用できます。「tulips roses」（チューリップもしくはバラ）とか「red flower -rose」（赤い花、バラは除く）など、検索演算子を使った細かい検索の精度が高いのが特徴です。

WordPressの拡張機能を使用すれば、画像の加工や修正が簡単にできるエディター機能を使うことができ、簡単な画像編集も可能です。

2:O-DAN
https://o-dan.net/ja/

3:PAKUTASO
https://www.pakutaso.com/

4:Pixabay
https://pixabay.com/ja/

■ タダピク※5（無料）

全45のサイトの画像が横断検索でき、その検索結果を「イラスト」「海外サイトを除く」「会員登録が不要」「イラストを除く」の条件で絞ることができます。4K解像度の高画質な写真が多くあるのも魅力のひとつです。

■ BEIZ images※6（無料）

空や景色など、美しい色彩の写真が多く、背景画像に使用しやすい素材が豊富です。壁紙やソーシャルメディアのアカウントの背景に使えます。

ジャンルに特化した写真が揃うサイト

ビジネスによって必要な画像は異なります。自分のビジネスに特化した写真が揃う検索サイトを知っていると便利です。さらに、統一感のある写真を使用することで商品やサービス、企業のブランディングもかないます。

各ビジネスに特化した写真が揃うサイトや、統一感のある写真を揃えたサイトをご紹介します。

■ BURST※7（無料）

ネットショップ開設サービスの最大手「shopify」が運営しています。商品を撮影した写真素材も豊富で、自社の商品の商品説明ページなどへの活用ができます。食べ物やファッションなど商品イメージのカテゴリーが細かく分かれていて、英語のサイトですが、検索しやすいのが特徴です。

■ GIRLY DROP※8（無料）

美容、ファッション、インテリア、ライフスタイルなど、オシャレなジャンルの写真素材が豊富に揃っています。女性向けのコンテンツ制作にお勧めです。

5: タダピク
https://www.tadapic.com/

6:BEIZ images
https://www.beiz.jp/

7:BURST
（英語）
https://burst.shopify.com/

8:GIRLY DROP
https://girlydrop.com/

■Foodiesfeed※9（無料）

フードフォトグラファーが撮影した、高品質なフード写真が揃っています。美味しそうな食事をイメージしやすいコンテンツを作成することができます。

■建築パース.com※10（無料）

建物の外観や内部の素材を使用し空間の様子が立体的に表現され、とてもリアルな完成予想図を手軽に入手することができます。

■Pexels※11（無料）

世界中のクリエイターが毎日更新しています。洗練されたイメージの写真が多いのが特徴です。

キーワードやカテゴリー、色などから細かく絞り込むことができます。類似画像や同じカテゴリーの画像を検索することができ、統一感のある写真を揃えることができます。

■Kaboompics※12（無料）

落ち着いたナチュラルなカラーの画像が多いサイトです。画像をクリックすると、その画像に合わせたカラーパレットが表示されるので、写真の色合いを統一させることができます。企業のイメージに合わせて。同じ系統の画像が揃えやすいでしょう。

テキスト入り画像もダウンロードすることができるため、ビジネス用途やウェブデザインなどで使用するのにも便利です。

･････ 写真編集に使えるツール

素材のサイトではありませんが、画像を使う上で便利なサービスを紹介します。

9:Foodiesfeed
（英語）
https://www.foodiesfeed.com/

10: 建築パース.com
https://kenchiku-pers.com/

11:Pexels
https://www.pexels.com/ja-jp/

12:Kaboompics
（英語）
https://kaboompics.com/

撮影した写真に、意図せず関係者以外の人や不必要なものが入り込んでしまうことがあります。これまで、修正するためには有料のツールが必要でしたが、**「Snapseed[※13]」を使えば、ちょっとした映り込みなら無料で修正可能**です。「シミ除去」機能で、背景に入り込んでしまった不要な物を修正してくれます。

また、画像を加工した工程などを記憶、共有できるので、複数人で投稿を管理していたとしても、統一感のある投稿写真を作ることができます。

ここがずるい！

- **欲しい画像がすぐ見つかる**
- **無料でもたくさんの画像が手に入る**
- **無料で画像を修正できる**

13:Snapseed
App Store(英語)
https://apps.apple.com/jp/app/snapseed/id439438619

Google Play(英語)
https://play.google.com/store/apps/details?id=com.niksoftware.snapseed&hl=ja&gl=US

ずるい検索 37

欲しいテイストにぴったりなイラストを集める

ビジネスシーンで、イラストが必要となるタイミングは多々あります。統一感のあるイラストやちょっと変わったイラストがあれば、より完成度の高い資料やサイトを作れます。こちらも、無料で使えるツールを紹介します。

こんなときに役立つ！

- パンフレットをかわいくしたいとき
- 文章の説明にイラストが欲しいとき
- 統一感のあるイラストが欲しいとき

…… 人物のイラストが検索しやすいサイト

人物写真の場合、よくも悪くも印象が強くなってしまいます。ターゲットを広く取りたい場合やかわいらしい雰囲気を出したいときは、イラストのほうが適しているでしょう。

■ ILLUSTCITY※1（無料）

汎用性が高く、特に人物のイラストが豊富です。例えば「リアルタッチイラスト」のカテゴリーでは、「若い女性メガネ」「若い女性夏服」などのコンセプトに分かれており、欲しいイラストが探しやすくなっています。また、欲しい素材が見つからない場合は作成してもらうこともできます（有料）。

1:ILLUST CITY
https://illustcity.com/

■ SILHOUETTE DESIGN※2（無料）

モダンでシンプルなデザインのシルエットイラストが豊富に揃っています。特に人物のシルエットはビジネスシーンでも活用しやすく、レイヤーや色の変更も自由自在です。

■ Open Peeps※3（無料）

手書き風の人物イラストの表情やスタイルを加工することができます。

ポーズや表情のバリエーションが豊富で、表現力豊かなオリジナリティ溢れるデザインを作成することができます。

■ HUMAN PICTOGRAM 2.0※4（無料）

人物のさまざまなポーズや動作がピクトグラムで表現されています。シンプルでわかりやすいので、パンフレットや説明書類などにも活用できます。

…… 各ビジネスに特化したイラストが揃うサイト

自社のビジネスに合ったイラストが揃うサイトを知っていれば、検索効率が上がります。また、汎用的なイラストではなくオリジナリティの出せるイラストを集められるサイトもご紹介していきます。

■ Scribble Diffusion※5（無料）

自分でブラウザ上に手書きしたイラストとテキスト入力から、希望に近い絵をAIが生成してくれます。オリジナリティのあるイラストを簡単に手に入れることができます。

■ GADGET STOCK※6（無料）

パソコンや周辺機器に特化したサイトです。スマートフォン、タブレット、

2:SILHOUETTE DESIGN
https://kage-design.com/

3:Open Peeps（英語）
https://www.openpeeps.com/

4:HUMAN PICTOGRAM 2.0
https://pictogram2.com/

5:Scribble Diffusion（英語）
https://scribblediffusion.com/

6:GADGET STOCK
https://simpc.jp/free/

パソコン、IoTデバイスなどのジャンルの素材が豊富で、テクノロジー企業やIT系の企業での利用に最適です。

■農民イラスト※7（無料）

農作業に関わるイラストが豊富です。農具や乗り物、草木、野菜、果物などが、やわらかいタッチで描かれています。動物や食品のイラストもあり、作品のタッチに統一感があります。

■Tech Pic※8（無料）

ディスカッションする人やオフィスの様子、電子機器などのピクトグラムなど、さまざまなビジネスシーンのイラストが揃っています。マニュアルやプレゼン資料作成時に活用しやすい直観的なデザインが豊富です。

■イラストセンター※9（無料）

ありそうでなかなか見つからない、医療や政府関連のイラストが揃っています。そのほか、年賀状用のイラストや事務用品、食べ物など種類が多様です。イラストのタッチにも統一感があり、あらゆる場面で活用可能です。

・・・・・ いろいろ役立つアイコンを探す

企業サイトやブログ、ソーシャルメディアの発信では、アイコンを使用する機会も多いでしょう。商用利用できるアイコンが揃うサイトをご紹介します。

■ICONS※10（無料）

さまざまなアイコンを簡単に画像検索できます。ビジネス、コンピューター、食品、健康、スポーツなどのカテゴリーで絞り込むことができ、画像による検索機能もあるので、用途に合わせたアイコンを効率よく検索できます。

7: 農民イラスト
https://nawmin.com/

8:Tech Pic
http://tech-pic.com/

9: イラストセンター
https://illustcenter.com/

10:ICONS
https://icons8.jp/icons

編集や加工も自由にできるため、より使いやすいアイコンを作成することができます。また、欲しいアイコンをリクエストすると新たに生成されることもあります。

■Streamline※11（有料。一部無料）

アイコンやベクター素材が豊富に揃っており、オリジナルアイコンの作成も可能です。エクスポートの形式がSVG・PNG・JSX・PDFのほか、Illustrator、Sketch、Figma、Adobe XDなどにも対応しており、あらゆる場面で活用できます。

AIにイラストを描いてもらおう

欲しいイラストがなかなか見つからない場合は、AIにお願いして作ってもらう方法もあります。

「Deep Dream Generator※12」というアプリでは、3つの機能からイラストを作成できます。

①Text 2 Dream：テキスト（文字）からイラストを生成
②Deep style：ベースとなる画像をアップロードして、あらかじめ用意されたスタイルを選択することでイラストを生成
③Deep Dream：ベースとなる画像をアップロードして、セッティング機能を選択することでイラストを生成

今回は「Text 2 Dream」でつくってみました。入力は英語になります。

まず、「Text Prompt」の欄には、欲しい画像のシチュエーションを入れます。

例えば、「コールセンターのスタッフ風の女性が、クライアントの女性とパ

11:Streamline
（英語）
https://www.streamlinehq.com/

12:Deep Dream Generator
（英語）
https://deepdreamgenerator.com/

ソコン上でグラフなどを見ながら会話している画像」が欲しいとします。ここでは、次のように入力しました。

“Meeting with a female data analyst and female clients by showing data sheets on the desktop”

「女性のデータアナリストと女性のクライアントがデスクトップパソコンに表示された表を見ながらミーティングしている」

次に、「AI Model」の欄でタッチを選びます。ファンタジーやSF風のものも作成できますが、今回は仕事で使うのでリアリティが欲しいところです。「Photo Real」にすることで現実に近い画像になります。

「Aspect Ratio（アスペクト比）」は「Square（正方形）」「Landscape（横長）」「Portrait(縦長)」から選びます。今回は「Landscape」で。

そのほか、「Quality（クオリティ）」は「Normal」、「Negative Prompt（除外したい要素）」は「None」、「Face Enhance（顔の強調度）」は「Normal」にしてみます。「Upscale & Enhance（質を高める）」は「None」です。

あとは、どのくらいのクオリティを求めるかで、追加するエナジーを決めます。エナジーをまとめて買うプランと、一定時間ごとにエナジーが回復するサブスクリプションプランがあります。

生成されたイラストがこちらです。

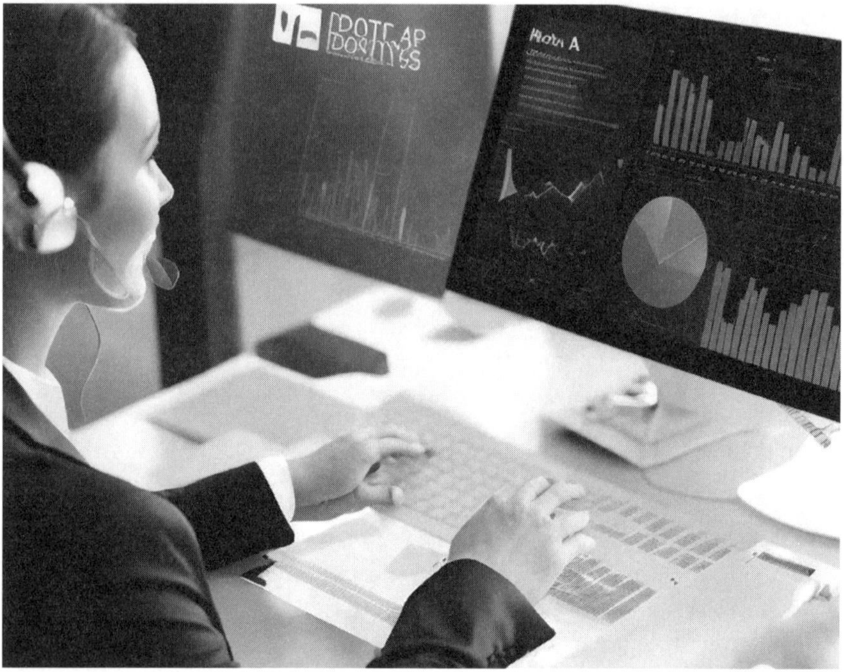

この情報をもとにミーティングしている雰囲気をもっと出したいということであれば「Evolve」をクリックし、この画像を進化させます。「Re-generate」で違う画像を作ってもらうことも可能です。

この画像をさらに進化させてみたところ、右下にミーティングに参加している紙とペンを持った女性風の手が加わりました。

　このように画像をどんどん進化させて、自分が必要としている画像を作りましょう。なおこのサービスは16歳以上しか利用できず、公序良俗に反する画像は禁止されています。商用利用は自由になっています。

ここがずるい！

- 欲しいイラストがすぐ見つかる
- 無料でたくさんのイラストを集められる
- 「世の中にはないイラスト」を作れる

ずるい検索 38

自社のロゴやデザインを無料で作る

自社の商品やサービス、ブランドを表すロゴは、自社のブランディングとして大事な要素です。プロに任せたいところですが、お金と時間がかかります。難しい場合は、ネット上で安価に作る方法もあります。一度試してみましょう。

こんなときに役立つ!

- 新しくお店やブランドを始めるとき
- 自社のロゴをリニューアルするとき
- ロゴを作りたいけれど予算がないとき

…… ロゴの発注はお金がかかるし難しい

ロゴはさまざまな場所で活用できます。例えば、WEBサイトやソーシャルメディアアカウントのアイコンとして使用したり、広告やメールマガジンなどで活用したりすることで、自社のブランドイメージに統一された印象を与えることができます。

ただ、**専門のデザイナーに発注するには費用と時間が必要**です。小さな企業では、そこまでできないということもあるでしょう。

また、発注する場合でも、**デザイナーにうまくイメージを伝えるためにはある程度の経験が必要**です。もちろん、その辺りをしっかりとヒアリングして作ってくれるデザイナーもたくさんいますが、すべてがそうだとは言えません。結果的に、せっかく作ってもらったのにあまりしっくりこないということもあり得ます。

まずは、自分で作ってみましょう。無料で使える便利なツールがたくさんあります。

■Vectr※1（無料）

拡大縮小しても画質が劣化しないベクター画像を作成、編集できるクラウドベースのツールです。アクセスするだけで使用できて、複数人で共有して使用できるのが嬉しいポイントです。

■Apache OpenOffice※2（無料）

総合オフィスウエア「Open Office」の機能の一部で、「Draw」の機能でロゴや図形を作成することができます。「Writer」や「Calc」などOpenOfficeのほかのアプリケーションとの連携ができます。

■GIMP※3（無料）

画像や写真の編集が比較的簡単にできるソフトです。レイヤー、フィルター、エフェクト、テキストツール、カスタマイズ可能なブラシ、など豊富な機能が備わっています。

■Vecteezy Editor※4（無料。一部有料）

オンラインで自由描画から図形まで描けるツールです。フリー素材が多いのが特徴です。

……AIを使って無料でアイコンを作る

「ずるい検索37」ではAIにイラストを描いてもらえるツールを紹介しました。同じように、AIがロゴを作ってくれるサービスもあります。

「LogoAI※5」では、名前、キャッチコピー、自社のブランドカテゴリーやフォ

1:Vectr
（英語）
https://vectr.com/design/

2:Apache OpenOffice
（英語・切替可）
https://www.openoffice.org/product/draw.html

3:GIMP
（英語）
https://www.gimp.org/

4:Vecteezy Editor
（英語）
https://www.vecteezy.com/editor

5:LogoAI
（英語）
https://www.logoai.com/

ントスタイルを入力するだけで**AIが自動でロゴを生成してくれます**。シンボルを入れたり、色を指定したりすることもできます。

簡単にいろいろ作れるので、ぜひ試してみてください。気に入ったものがあれば、実際に使用してみましょう。ロゴのデザインは無料ですが、ファイルを取得するのは有料です。

ここがずるい！

- **安価で気軽にロゴを作れる**
- **プロに頼む前にイメージを固められる**
- **AIを使ってたくさんの候補を作れる**

ずるい検索 39

ソーシャルメディアで使う無料素材を集める

ソーシャルメディアでトレンド感のある動画を投稿すれば、拡散を狙うことができます。しかし、各ソーシャルメディアによって仕様は異なりますし、投稿のたびに作るのは手間がかかります。簡単にできる方法を紹介します。

こんなときに役立つ！

- 複数のソーシャルメディアで広告を出すとき
- 動画広告を出すとき
- ソーシャルメディアのコンテンツ作成に時間をかけられないとき

ソーシャルメディア発信はすでに重要なビジネススキル

ソーシャルメディアマーケティングが注目されるいま、ソーシャルメディア担当や広報担当ではなくても、ソーシャルメディアでの発信を任されることがあります。ある程度慣れてくれば投稿も難しくはないでしょうが、最初の頃は大変です。

それぞれのソーシャルメディアの仕様に合ったコンテンツを作らなければいけませんし、動画であれば音楽などの素材も必要です。それを探すだけでも時間がかかりますし、ノウハウを覚えてからも、発信にかける時間はなるべく少なくしたいところです。

そこで、**動画や広告のテンプレート、音楽などのフリー素材**があれば便利です。過去に特別な技術や有料ツールがなければできなかったことが、いまは無料のツールでも簡単にできるようになっています。

テンプレートやフリー素材を活用しよう

■テンプレートとフリー画像が充実

「Canva※1」はFacebookやInstagramなど、各ソーシャルメディア別にテンプレートが用意されているので、サイズの変更の必要がありません。「透明度」や「ぼかし」など写真の加工機能も無料で使用できます。フリー素材の画像数も多く、パソコン、スマホなどデバイスを選ばず使用することが可能です。

　そのほかの機能も充実しており、プレゼン用資料作成やホームページ作成、オリジナル名刺なども簡単に作ることができます。

　また、有料機能で、デザインした投稿のサイズ変更やソーシャルメディアへの投稿予約をすることができます。

■動画広告のテンプレートを探す

「Promeo※2」はテンプレートを選ぶだけで、各ソーシャルメディアで発信する動画広告が作成可能です。InstagramやTikTokはもちろん、Facebook、LinkedInなどの投稿にも魅力的なテンプレがあり、あらゆる世代への発信に有効です。

　一部有料のサブスクリプション機能があり、プランごとに毎月利用できる数が変わります。文字のフォントなど、有料版でないと使用できない素材があります。

「VITA※3」は完全無料で使用可能です。TikTokやInstagram、YouTubeなどのテンプレートがあり、10代から20代への発信に強いのが特徴です。

1:Canva
https://www.canva.com/ja_jp/

2:Promeo
https://jp.cyberlink.com/products/promeo-post-designer-promotional-video-editing-app/features_ja_JP.html

3:VITA
App Store
https://apps.apple.com/jp/app/vita-%E8%B6%85%E7%B0%A1%E5%8D%98%E5%8B%95%E7%94%BB%E7%B7%A8%E9%9B%86/id1488430631

Google Play
https://play.google.com/store/apps/details?id=com.snowcorp.vita&hl=ja&gl=US

■アニメーション動画を簡単に作る

「Animaker※4」は、YouTube広告などで見かける**アニメーションを作成できます**。動画作成未経験者でも簡単にできて、フリー素材も使えます。有料プランもありますが、無料機能だけでも役立つでしょう。

■動画・効果音・音楽

「Mixkit※5」は動画、効果音、音楽などが無料で使えるサイト（無料。一部有料）です。ソーシャルメディアの動画投稿、オンラインマーケティング広告、教育目的、YouTubeの動画などに使用できます。

ここがずるい！

- 知識がなくても本格的なコンテンツを作れる
- 安価で広告を作れる
- ターゲットに合わせたコンテンツを作れる

4:Animaker
https://www.animaker.jp/

5:Mixkit
（英語）
https://mixkit.co/

ずるい検索 40

わかりやすいプレゼン資料を作る

プレゼンテーションは、自分の意見を伝えるために行うものです。難しいことをわかりやすく、親しみやすく説明するためには、資料も大事です。資料作りをサポートしてくれるサービスを活用しましょう。

こんなときに役立つ！

- 大事なプレゼンをするとき
- なかなかプレゼンでいい反応をもらえないとき
- プレゼンの資料作りに時間をかけられないとき

……簡単に操作できるツール

「Canva※1」は、名刺やYouTube動画のサムネイルなどさまざまなスタイルに合わせたグラフィックデザインを作成できます。そのスタイルのなかに**プレゼンも含まれていて、レイアウトも豊富**に準備しています。

レイアウトや画像の変更が直感的で、テンプレートのデザインを損ねることなく、簡単に写真や画像の入れ替えができます。しかも無料で使え、有料版でもお手頃な価格です。有料版で1億以上の素材があり、もちろん自分の写真も使えます。

……AIにプレゼン資料を作ってもらう

市場の状況や言葉の定義など、すでに世の中に出ている内容についてプレゼンをするならば、AIを使ってプレゼン資料を作ってもらうこともできます。

1:Canva
https://www.canva.com/ja_jp/

ここでは、「SlidesGPT※2」で作ってもらいました。このサービスには有料プランもありますが、今回は無料版で試しています。

使い方は簡単で、作ってほしい内容をプロンプトとして入力するだけです。今回はこんな依頼をしました。

"I want to make slides for introduction Google analytics 4, Google Tag manager and Big query. Please tell all functions, how to implement, cases."
「Google アナリティクス 4、Google タグ マネージャー、ビッグクエリの紹介用スライドを作りたいので、すべての機能、導入方法、事例を教えてください」

こちらは英語サイトで、日本語で入力もできますが、出力は英語になってしまうようです。

5分ほど待って出力された資料がこちらです。写真も説明もあります。

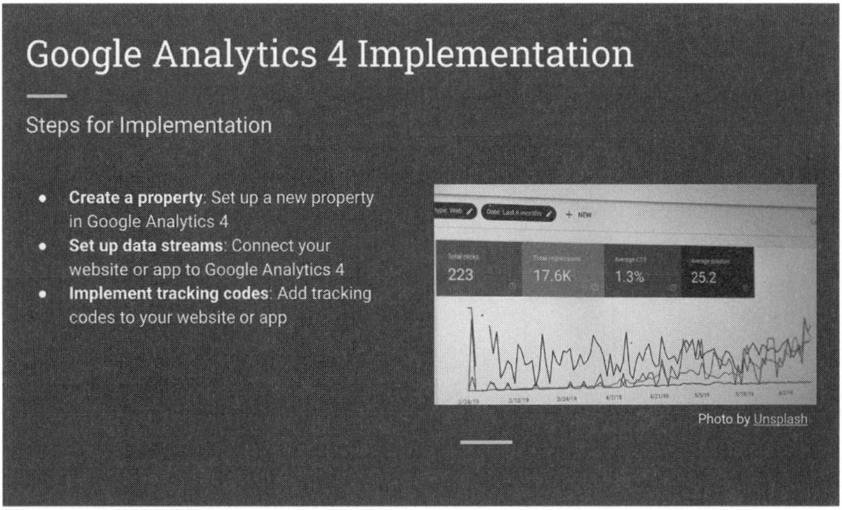

2:SlidesGPT
（英語）
https://slidesgpt.com/

ただ、お気付きかも知れませんが、右側に入っている画像はGoogle アナリティクス 4のものではありません。まだまだ内容について確認は必要ですが、資料作成の手間を省くことはできるでしょう。

……プレゼンの本質は資料作りではない

プレゼンを行うときに、資料作りにばかり時間をかける人がいます。

しかし、プレゼンテーションの目的は伝えることにあります。**オーディエンスはスライドを読むためではなく、講演者の話を聞くために参加している**わけです。

話している内容に集中してもらうためには、あまり多くのものを見せる必要はありません。強調したいメッセージを伝えるためには、スライドの説明文は邪魔にすらなり得ます。

オーディエンスに伝えたいイメージを想起させる写真やイラストがあるだけでいいでしょう。また、その会場とオーディエンスの数によって文字の大きさや背景色を考慮し、話す時間も短いほうがいいでしょう。

ここがずるい！

- **簡単に本格的なプレゼン資料が作れる**
- **AI ですぐに資料を作れる**
- **資料作りではなく「プレゼン」に集中できる**

第6章

「ビジネスを加速させる情報」を調べる

ずるい検索 41

投資に必要な情報を賢く調べる

最近では、株式投資はかなり一般的になってきました。比較的少ない資金から始めて資産を増やすことができるのは魅力的に感じます。しかし、失敗しない投資のためには、やはり情報が大事。基本的な情報を押さえましょう。

こんなときに役立つ！

- 新しく株式投資を始めるとき
- 投資に興味が出てきたとき
- 効率よく投資に必要な情報を知りたいとき

YouTubeで情報を得る

空き時間を活用して情報を得るのに有効なツールは「YouTube」です。文字で読むと難しい内容でも、動画で見ると簡単に理解できることがあります。難しい内容は自分の気に入ったチャンネルを見つけて情報収集するといいでしょう。人気のYouTubeチャンネルをご紹介します。

■日経CNBC※1

初心者でも面白く見ることができます。YouTubeは無料ですが、有料で24時間ノンストップのウェブテレビもあります。興味のある方はそちらも覗いてみてください。

1: 日経CNBC
https://www.youtube.com/channel/UCIVsQnfs-jKkjKmUKUHnT2g

■なるほど！投資ゼミナール※2

ゲストを迎えての対話形式の動画が無料で配信されています。投資家でフリーアナウンサーの大橋ひろこ氏の上手な合いの手で話が進み、初心者でもわかりやすいです。毎回ゲストが変わるので、さまざまな視点からトレンドを知ることができます。

■松井証券 _MatsuiSecurities※3

お笑い芸人が出演し、バラエティー番組を見る感覚で投資について学ぶことができます。こちらも無料のチャンネルです。「投資は難しそう」というイメージを一掃してくれるチャンネルで、思わず笑ってしまう場面もあります。初心者から上級者までをターゲットにした内容です。

■後藤達也・経済チャンネル※4

経済に関する知識や情報を豊富に持つ、元日経新聞記者の後藤達也氏が解説しています。こちらも無料のチャンネルです。元新聞記者ならではの切り口と、偏りのない情報発信で初心者の方も先入観を持たずに知識を得ることができます。整理された情報をシンプルに解説してくれるのも魅力です。

・・・・・証券会社に属さない情報公開サイト

株を購入するとき、多くの人が使うのは証券会社のウェブサイトでしょう。ただし、当然証券会社によって売りたい株、買ってほしい株があります。発信される情報が恣意的になる部分は少なからずあります。そこで、情報の偏りがあまりなく、客観的な情報を知ることができるサイトを紹介します。

■Kabutan※5

企業のチャート情報や決算発表情報、相場観などをまとめて見ることができ

2: なるほど！投資ゼミナール
https://www.youtube.com/channel/UCs70PG6yC_gaFaymNDlovPA

3: 松井証券 _MatsuiSecurities
https://www.youtube.com/@MatsuiSecurities

4: 後藤達也・経済チャンネル
https://www.youtube.com/@gototatsuya

5:Kabutan
https://kabutan.jp/

ます。ブラウザ限定の機能ですが、銘柄コードにカーソルを当てるだけで、チャート情報や企業の概要（時価総額、割安性など）、さらに最新のニュースなどをひと目で確認できます。株価に対する自分なりの基準がある場合に便利です。無料で利用できますが、有料のプレミアムプランもあります。

■ 会社四季報 ONLINE[※6]

株式投資のバイブルといわれる『会社四季報』のオンラインサイトで、信憑性のあるデータを見ることができます。独自の業績予想を出しており、それを指標に投資している投資家もたくさんいます。有料登録すれば、『会社四季報』の発売前に、今後注目される企業などの最新情報を得ることができます。

■ MINKABU[※7]

みんなが注目している株のランキングがトップページでわかりやすく表示されます。さまざまな投資案件の買い、売りなどの評価がわかります。投資家同士の情報が交換されているので、投資家心理が見えて参考になります。無料で利用できますが、有料のプレミアムプランもあります。

■ ニッセイ基礎研究所[※8]

ホーム画面に表示される最新レポートは常に更新され、無料で世界のトレンドを把握することができます。また、「経済」「金融」などでカテゴリーごとにレポートやコラムが検索可能で、さらに「マイナンバー」や「NISA」「AI」など、キーワード別でもレポートが振り分けられています。

経済情報サイト

次に経済情報サイトを紹介します。これらの新聞の記事などを見ると企業ごとの業績や新たな取り組みなどを知ることができます。

6: 会社四季報 ONLINE
https://shikiho.toyokeizai.net/

7:MINKABU
https://minkabu.jp/

8: ニッセイ基礎研究所
https://www.nli-research.co.jp/?site=nli

■日本経済新聞※9

日本を代表する経済新聞のサイトです。質が高く信頼性のある情報を得ることができます。新聞購読は有料（無料期間あり）ですが、無料で見ることのできるニュースも豊富です。日々の経済関係のニュースはもちろん、国際情勢やテクノロジー、ライフスタイルに関する内容も充実しています。

■日経イベント＆セミナー※10

日本経済新聞が主催するビジネス関連のセミナーやイベントの情報サイトです。幅広い分野のイベントやセミナーが掲載されており、テーマごとで検索をすることも可能です。無料で参加できるイベントも多くあります。

■日経 XTREND※11

ビジネスに関するトレンドや市場動向などの情報を得ることができます。無料でも役立ちますが、有料会員になるとより便利です。例えば、「未来消費カレンダー」を活用することで、新製品の発売日や新施設のオープン日などを把握できます。また、有料会員だけが見ることのできる限定記事もあります。

■Yahoo! ファイナンス※12

企業発表ではわからない、投資家の生の意見が掲示板に書き込まれます。投資情報以外にも、消費者金融や保険などの幅広い情報が提供されています。無料で使用できますが、VIP倶楽部という有料プランもあります。

■Google Finance※13

複数銘柄のチャートを比較できるので、同じ業界の企業の株価推移を見比べながら投資先を決めることができます。特に米国株式の情報データが充実しています。無料のサービスです。

9: 日本経済新聞
https://www.nikkei.com/

10: 日経イベント＆セミナー
https://events.nikkei.co.jp/

11: 日経 XTREND
https://xtrend.nikkei.com/

12:Yahoo! ファイナンス
https://finance.yahoo.co.jp/

13:Google Finance
https://www.google.com/finance

……プロのセミナーで勉強する

実際に投資で成功されている方の話を聞きに行くのも有効です。資産形成についての無料セミナーの募集はネット検索に多く出され、「株式投資スクール」などと検索すると無料講座を公開している場合もあります。

「セミナー」や「無料」というと、勧誘があるのではないか、信用できるのかなどの不安もあるでしょう。信用できるセミナーを見分けるためには、**「投資先の企業の着目点など、見極め方を教えてくれるか」「儲かる話ではなく、ライフプランニングも含めた講義があるか」**を確認しましょう。投資に使用できる資金やライフプランは個々によって違います。投資に資産を回してしまって、生活が厳しくなってしまっては意味がありません。

投資は事業と同様、学習と経験です。誰かに任せてやってもらうのではなく、仕組みや理論を理解し、自ら実践するなかで専門家にアドバイスをもらうものです。いい話を待っているだけでは本当に必要な情報は入ってこず、人を騙すような話ばかりが入ってきます。

私が中小企業の財務の役員をしていたときも、証券会社や銀行に勧められるまま、よくわからず危険な商品を自社の経営者に紹介していました。損をしても得をしても、理由が自分で理解できるような投資・運用をしましょう。

ここがずるい！

- **広く投資の情報を知ることができる**
- **投資をしながら経済の動きに詳しくなれる**
- **投資での損をしづらくなる**

ずるい検索 42

株価が自動で反映される表を作る

複数の銘柄を保有している場合、株価を定期的に調べるのは大変です。そこで、自動更新してくれる仕組みを作りましょう。スプレッドシートに欲しい情報だけを集めて、比較検討する方法を紹介します。

こんなときに役立つ！

- **複数の株や債券を持っているとき**
- **複数の銘柄を比較検討したいとき**
- **定期的に株価をチェックしたいとき**

米国株、債券のデータを自動で取得する

Google Sheetsには、独自の関数があります。**米国株や債権については、「GOOGLEFINANCE」という関数を使用することで、自動で株価を取得できます**。

「= GOOGLEFINANCE（※）」　※＝ティッカーシンボル

ティッカーシンボル（銘柄の番号）は各証券会社のウェブサイトで調べることができます。また、この関数はより細かく指定することもできます。

「=GOOGLEFINANCE(銘柄,属性,開始日,終了日,間隔)」
銘柄：ティッカーシンボル

属性："price"（リアルタイム見積価格）"shares"（発行済み株数）など
開始日：データを取得する最初の日。「DATE(2022,1,1)」のように指定
終了日：データを取得する終了日か日数。「DATE(2022,1,1)」のように指定
間隔：Daily（毎日）か Weekly（週間）を選択
例：「=GOOGLEFINANCE("AAPL", "price", DATE(2022,1,1), DATE(2022,12,31), "DAILY")」

これで間隔をDailyなどと指定しておけば、定期的にデータも取得してくれます。ただリアルタイムのデータではない点はご注意ください。1分1秒を争うデイトレードなどテクニカルな運用には不向きで、長期保有の方向けです。

……国内企業の株価を把握する

日本国内の株式に関しては、スプレッドシートの関数は準備されていません。そこで、**GAS（Google Apps Script）[※1]を使って、関数を作ります**。

このソースコードは「AutoWorker 〜 Google Apps Script（GAS）とSikuliで始める業務改善入門」[※2]というブログに掲載されているものを引用しました。下記に説明していますが、文字列などはこのサイトからコピーすると便利だと思います。また、この方法はYouTube[※3]でもわかりやすく説明されているので、そちらもお勧めです。

日本の株価を自動更新する表については、以下の通りです。

①株価を取得するオリジナル関数を利用したいスプレッドシートを開く
②スプレッドシートのメニューバーにある「拡張機能」から「Apps Script」を選択
③「ライブラリ」の右側にある＋アイコンをクリックします
④スクリプト ID に下記を入力し、「検索」をクリック

1:GAS（Google Apps Script）
https://workspace.google.co.jp/intl/ja/products/apps-script/

2:「AutoWorker 〜 Google Apps Script（GAS）と Sikuli で始める業務改善入門」
https://auto-worker.com/blog/?p=3876

3:YouTubeでの解説
https://www.youtube.com/watch?v=u9GL0Phlxyc

「1Mc8BthYthXx6Colz90-JiSzSafVnT6U3t0z_W3hLTAX5ek4w0G_ElrNw」

⑤「追加」をクリックしてスクリプトエディタの画面に戻ったら、以下のソースコードを貼り付け、Ctrl+s で保存

```
function STOCKPRICEJP(code){
  let url =“https://www.google.com/finance/quote/”+ code +“:TYO”;
  let html = UrlFetchApp.fetch(url).getContentText();
  let stockPrice = Parser.data(html)
    .from(“<div class=\”YMlKec fxKbKc\”>”)
    .to(“</div>”)
    .build();
  return stockPrice;
}
```

これで新しい関数「STOCKPRICEJP」を使うことができるようになります(「STOCKPRICEJP」という関数名は一例で、任意に設定できます)。下記の関数を入力することで日本企業の株価情報も自動で取得できます。

「=STOCKPRICEJP（※）」　※＝証券コード

ここがずるい！

- 関数を入れるだけで簡単に株価をチェックできる
- 一度作れば毎日ひと目でチェックできる
- 必要な銘柄情報だけを比較検討できる

ずるい検索 43

取引先企業の情報を調べる

別の企業との取引を検討するときなど、その経営状態を知ることは大事なポイントです。また、反社会勢力との関わりなど、表には出ない問題点を抱える企業もあります。調べられる部分は事前に調べておきましょう。

こんなときに役立つ！

・新しい取引先を探しているとき
・取引先の経営状況が知りたいとき
・非上場企業の情報を知りたいとき

株価情報サイトで経営状態をチェック

まずは、上場企業の情報についてです。もちろん、各企業のサイトから株価情報や株主還元方針、配当実績推移、株主優待情報などを見ることができますが、客観的な立場で、それらをまとめたウェブサイトもあります。

■東京証券取引所サイト※1

無料で企業名または株式コードを検索可能です。決算情報や株価情報チャートまで見ることができます。

■日本経済新聞のIR・CSR情報※2

日本経済新聞社が運営しており、特に上場企業の株主優待情報や業績予想、配当予想が見やすく、複数の企業の指標をグラフで比較することができます。

1: 東京証券取引所サイト
https://quote.jpx.co.jp/jpx/template/quote.cgi?F=tmp/stock_search

2: 日本経済新聞のIR・CSR情報
https://www.nikkei.com/markets/ir/

無料で利用可能です。

■日経会社情報 DIGITAL※3

上場企業の最新ニュースやマーケット情報、国際情勢やビジネス戦略などの豊富な情報が閲覧できます。こちらも無料で利用可能ですが、日本経済新聞電子版（有料。無料期間あり）を契約していないと見ることのできない情報もあります。

……社史や社風、企業文化を知ることのできるサイト

社史や社風といった会社の文化についての発信に注力している会社もあります。こうした点で各企業の情報を提供しているサイトもあります。

■The 社史※4

企業の社史や歴史、ブランディングに関する情報をまとめたサイトです。企業の誕生から現在までの歴史や、ビジネス戦略、製品開発、ブランディングの取り組みなど、さまざまな情報が無料で掲載されています。

……中小企業の調査には専門の会社がある

このように、上場企業の場合はある程度情報を調べることができます。しかし、ビジネスの場では非上場企業の情報が必要なこともたくさんあります。

非上場企業の情報を調べる場合には、専門の会社の調査を参考にしましょう。東京商工リサーチ※5や帝国データバンク※6などです。これらの企業は個別にその会社の決算状況やビジネスの状況を調査してくれます。ただ、内容や精度によりますが、一般的な調査では数万円かかります。予算的に厳しい場合もあるでしょう。

そこで**帝国データバンクの「COSMOSNET※7」を使うと、過去に調査が**

3: 日経会社情報 DIGITAL https://www.nikkei.com/nkd/

4:The 社史 https://the-shashi.com/

5: 東京商工リサーチ https://www.tsr-net.co.jp/

6: 帝国データバンク https://www.tdb.co.jp/index.html

7:COSMOSNET https://www.tdb.co.jp/lineup/cnet/index.html

あったデータを格安で入手できます。新規に顧客との取引が発生するならば、調査を依頼する前に過去に調査した履歴があるか確認しておきましょう。ただし、その情報は最新の決算が反映されてはいないので注意が必要です。

調査書に書いていないことは「人」に聞く

私は以前、与信管理担当として年間100社以上の取引先の経営状態を調査していました。最初の頃は、調査票の点数と会社で決められた取引基準で機械的に判断していました。

しかし、よく考えると万が一取引途中で企業が倒産したり、取引していた会社が反社会勢力だったりすれば大きな問題になります。そこで調査票の点数だけではなく、その調査内容を読むようになりました。

ただ、本当に知りたい、経営の危険性や取引先との問題の有無などはどこにも書いていません。そこで毎回電話をかけて聞くようになりました。すると、調査員も書いたら問題になりそうなことや、確信が持てないことは文面に残せないということがわかりました。一例として、社長の性格で「豪放磊落（ごうほうらいらく）」と書くのは、かなり問題のあるときだと教えてもらいました。その会社の本当の危険性や課題となると、人に聞くのが大事だということも覚えておきましょう。

ここがずるい！

- **取引を開始して問題が起こることを避ける**
- **専門業者の情報が安く手に入る**
- **企業に対する客観的な情報がわかる**

ずるい検索 44

コスパの高い広告媒体や手法を探す

広告はそのクリエイティブによる効果も大きいですが、「どこに出稿するか」ということもかなり重要な要素です。出稿した媒体によって、その広告効果は明らかに違います。まずは基本的な知識を押さえておきましょう。

こんなときに役立つ！

- 広告を出しても効果が薄いとき
- どの媒体に広告を出すか迷うとき
- 広告の表現に迷うとき

……広告は2種類

広告には大まかに言って、2種類あります。

■純広告

インターネットが普及する前からある広告です。メディアや広告代理店を経由し、広告を出したい期間や広告枠を指定して依頼するタイプです。新聞やテレビ、インターネット広告の一部にも純広告があります

■運用型広告

インターネットで出したいキーワードやターゲットを入力することで、広告の掲載を依頼するタイプです。検索エンジンの広告やFacebookの広告などは運用型広告です。

……純広告は費用対効果が悪いのか？

昨今では、純広告より運用型広告のほうが普及しています。1クリック数十円から出稿できる価格の安さ。クリック課金（見た人がウェブサイトに訪問したら課金）やコンバージョン課金（売上が発生したら課金）など、わかりやすい課金システム。「特定のウェブサイトを訪問した人」など、ターゲットに無駄なく広告を表示できること。これらが選ばれる理由になっています。

それでは純広告は使えないのかといえば、そんなことはありません。**効果の高い純広告はたくさん存在しますが、世の中に知られていないだけ**です。

効果の高い広告枠は当然値段が高くなります。それでも効果があるから、知っている広告主は出稿します。つまり、メディアは新たに広告主を開拓しなくても困らないのです。広告主も効果の上がる広告を他社には教えてはくれません。

ではどうすればいいのかというと、**上手に純広告を使っている事業主を観察するしかありません**。売上が伸びている事業主の広告がどのようなウェブサイトに掲載されているかを調べましょう。業界の情報が載っているブログやアフィリエイトサイトなどを調べてみてもいいでしょう。

また、**自社にとって重要なキーワードで検索上位に表示されているようなウェブサイトがあれば、直接連絡して広告掲載の提案**をしましょう。Google広告やアフィリエイトなどを出稿していれば、そのサイトは広告収益に関心があるはずです。広告システムを使って広告を出稿しなくても、直接話をして月額の報酬を伝えればいいわけです。

そうしていい媒体が見つかったら、効果がまったくなくなるまで、効果を上げるための工夫をし続けます。これが費用対効果の高い純広告の発信方法です。

運用型広告で採るべき戦略は

運用型広告は基本的に入札制になっています。つまり、競合が「効果がある」とわかれば入札価格がどんどん上がります。最後は資金力のない広告主は生き残れなくなります。

つまり、**競合他社が出稿していない、かつ見込み客に届く広告**を探すことが基本になります。

例えば看護師の求人・転職サイトの広告を出稿するとき、「看護師　求人」で入札しても、競合に埋もれてなかなか効果が上がりません。**仕事を探している看護師が探しそうな言葉**を考えてみましょう。例えば「採血バイト」（健康診断で採血をするための看護師の仕事）などは競合も少なく、見込み客が検索しそうな言葉です。

そのようなワードを見つけるために、見込み客の行動や探し方などを調べてみるといいでしょう。本書で紹介しているツールや、「Yahoo!知恵袋※1」、Twitterなどで見込み客が発信している情報なども参考になります。また、競合他社や類似商品の商品名でも検索してみることも有効です。その商品に興味を持つ見込み客を見つけ出すこともできます。

もう1つは**新しい手法を試す**ことです。運用型広告は頻繁に新しい手法が誕生します。新しい手法は競合も慣れていないので出稿したがりません。

競合がまだ試していない広告に対しても予算の一部を割いてみます。新しい手法が必ずしもうまくいくとは限りませんが、他者が参入するまで低コストで露出を広げることが可能です。

例えばGoogleの広告で「DSA（Dynamic Search Ads）」というものがあります。ウェブサイトをGoogleが分析してAIに広告文や出稿するワードを決めてもらう手法です。まだ利用している企業も少ないため、比較的コンバージョンも取りやすいと言えます。

1:Yahoo! 知恵袋
https://chiebukuro.yahoo.co.jp/

ほかの会社のバナーを見てみよう

広告を出稿するときには、デザインも大事な要素になります。どんなデザインにすればいいか、あるいはデザイナーに発注するとき、どんなデザインをお願いすればいいか、迷うことも多いと思います。

売れそうなデザインを自分で考えるのはひと苦労です。そこで、ほかの会社を参考にしてみましょう。併せて、テキストでの表現の参考になるツールも紹介します。

■ Metaの広告ライブラリ

FacebookやInstagramを運営するMeta社の広告ライブラリ※2（無料）では、FacebookやInstagramで掲載している広告を一覧で見ることができます。検索ワードで絞り込めるので、自分の広告を作るときに参考にすることができます。

ここでは、掲載時期にも注目してください。掲載期間が長いということはそのバナーの効果が高かった可能性が高く、そのデザインこそ売れるデザインかもしれません。

■ Googleの広告プレビュー

Google 広告にも他者の広告の内容を知る機能があります。Googleの広告プレビュー（無料）を使うと、検索エンジンに表示される「リスティング広告」で、他社はどんなタイトル、説明文を使っているのかを知ることができます。

この機能はGoogle広告のアカウントを作成・ログインしていないと使えません。ログインした状態で Google 広告の管理画面「ツールと設定」から「広告プレビューと診断」に進むと、指定の検索語句を含んだ広告をプレビューで確認することができます。このような競合の広告文は成果が上がるように工夫された文章で、自分で広告を出稿するときに参考になるはずです。

2:Metaの広告ライブラリ
https://www.facebook.com/ads/library/

■Moat※3

一部のグローバル企業のバナーデザインを、無料で見られるサービスです。Amazonなどの大手企業のバナーのデザインは、きっと参考になるはずです。

■Semrush※4

Semrushの広告の競合調査ツールを使うとバナーのデザインのほかに、見られた回数、ランディングページ、配信先を知ることができます。有料（無料トライアルあり）ですが、大手企業以外についても、より細かい情報を知ることができます。

大事なことは、バナー画像をただ眺めるだけではなく、そこから法則を見出すことです。企業ごとにバナーの色やコピーの配置など一定の法則があるはずです。また、業界ごとに長く使われているバナーはそれだけ効果があるということです。参考にすると成果につながりやすいでしょう。

ここがずるい！

- 他社の成功例を真似できる
- 広告のブルーオーシャンを見つけることができる
- 自社に最適な広告の出し方がわかる

3:Moat
（英語）
https://moat.com/advertiser/

4:Semrush
https://semrush.jp/functions/

アフィリエイターに聞く「本当に有用な情報を集める方法」

アフィリエイトとは、自身のブログやソーシャルメディアなどに広告リンクを貼り付け、それを経由して商品購入や資料請求といった成果が達成されると、広告主から報酬が支払われる仕組みです。副業としても注目されており、ネット情報やニュースなどで取り上げられることも増えています。

では、どのようにすれば稼げるようになるのでしょうか。また、アフィリエイターにマーケティングをお願いする側の注意点も気になるポイントです。

そこで、地方の営業マンからアフィリエイト副業で成功をおさめ、個人でもアフィリエイトコンテンツを運用する、小林貴志氏にお話を伺いました。アフィリエイトを収益化する側とビジネスとしてアフィリエイターを活用する側、両方の視点でのお話です。

小林貴志（こばやし・たかし）

20歳から26歳まで食品メーカーの営業マン、27歳でWEB業界に飛び込みベンチャー企業D2C事業のメンバーとして活躍。会社員としてコーディング、デザイン、ライティング、広告運用などあらゆるWEBの業務に従事し、在籍中に個人事業を立ち上げ、アフィリエイトで副業年収が本業年収を超える。その後、アフィリエイトやコンサル事業等で独立。現在、個人事業を継続しながら化粧品メーカーの社内ベンチャー事業のD2C事業部責任者として立ち上げ時にジョインし売上を10億円へと導く。

アフィリエイトで収益を上げるための情報検索

アフィリエイトを始めようと思い立ったら、ウェブで「アフィリエイト　始め方」などと検索をして情報収集をするかと思います。

すると、「これをやったら1億円稼げた」「私の真似をしたら必ず稼げます」

というような、有料の情報商材が数多くヒットします。しかし、その情報の信憑性は極めて薄いと言えます。

アフィリエイトのトレンドや稼ぎ方は常に流動的で、成功例を真似しても同じように収益化できるとは限りません。そもそも、ウェブで簡単に検索できるノウハウで収益化が可能なのであれば、競合が増え、自身の収益が減ってしまう恐れもあります。

アフィリエイトで収益を上げるための情報獲得は「スピード勝負」です。ツールとしては、Twitterがお勧めです。

もちろん、ただTwitterを眺めていても有益な情報は入ってきません。アフィリエイトしたいジャンルに関わる発信をしている人をTwitter上でフォローしていく。それを繰り返すことで、最新情報を発信する人を見つけることができます。そうした人たちもフォローしていけば、検索をしなくても自分のタイムラインに最新情報が流れてくるようになります。

また、Twitterのリスト機能を使用することによって、ジャンルごとに情報の管理をすることができます。こうして、オリジナルの情報収集ツールを作ることができます。

アフィリエイトを成功させるには

アフィリエイトは、「お手軽に始められる」「定期的な収入が見込めるのではないか」「簡単に収益化しやすい」というイメージを持たれる方もいるのではないでしょうか。

しかし、実際副業として実践してみると、収益化するまでには時間がかかり、途中で挫折してしまう方が多いのが現実です。

アフィリエイトを副業として成功させるには、とにかく「やってみること」「やり続けること」が大切です。その経験により、失敗したこと、ダメだったことを除外して情報収集ができるようになり、検索精度を上げることができます。

アフィリエイトを継続するコツは、まずは「自分の好きなこと、好きなジャンル、興味が湧くこと」しかやらないことです。収益化を狙って興味のない分野に手を出しても、そもそも継続が難しくなります。自分の興味があることなら、すぐに収益化に繋がらなくても継続ができ、コミュニティへの参加も容易になるでしょう。リアルな場での人脈は、アフィリエイターとしての情報収集において最も重要です。

アフィリエイターに依頼する場合は「信頼」が大事

企業がアフィリエイターにマーケティングをお願いする場合にも、注意点や選定のポイントがあります。

アフィリエイトにはトレンドがあり、常に変化しています。近年でも、SEOに強いアフィリエイトから、ウェブ広告を使用した運用アフィリエイトへと時代によるトレンドの変化が見られます。

現代の検索では大手企業サイトが優先的に表示されることが多く、個人ブログはほとんど上位に表示されづらくなってきています。そのため、課金が生じるウェブ広告を利用して自社のサイトを検索上位に表示させるアフィリエイトがトレンドになっています。

しかし、ウェブ広告のアフィリエイトは、商材の認知度は上がりますが広告費用が多額になり、薄利多売になるという問題点もあります。そこでアフィリエイターにマーケティングをお願いするわけですが、依頼する側が自社商品に合ったアフィリエイターの見極めや、能力の高いアフィリエイターを選定することも必要となります。

一方で、SNSアフィリエイトでは、各SNSの得意とする年齢層やアフィリエイターの得意な商材を、投稿記事やその投稿を見ているユーザーから見極め、DMなどで依頼することが可能です。

しかし能力の高いアフィリエイターへの依頼はとても困難です。アフィリエイトのトッププレイヤーは限られており、企業間で強いアフィリエイターの取り合いになっています。

依頼を受けてもらうためには、企業としての信用を得ることが大切です。依頼の報酬額の違いが、最も信用を失うトラブルの原因になります。アフィリエイター同士の横の繋がりは意外と強く、情報網が繋がっていることもあります。複数のアフィリエイターや代理店に依頼する際は、同額の料金設定にしましょう。発注金額の変更が必要であれば、契約するアフィリエイターまたは代理店に、「絶対に情報を流さない」という確約をしてもらいましょう。

ずるい検索 45

Amazonで売れる商品を調べる

現在、ECの主流はAmazonです。販売者としても、Amazonでの販売が最も効率的だと言えます。しかし、当然競合も多い。レッドオーシャンとも言える市場で売るにはどんな商品やマーケティングが必要なのでしょうか。

こんなときに役立つ！

- 物販を始めるとき
- Amazonで売上が伸びないとき
- 手間をかけずにオリジナル商品を作りたいとき

……ECで売るならAmazonが便利

商品をECなどで販売するには、たくさんの方法があります。そのなかでも**マーケットが大きく、販売者としてのコストパフォーマンスが最もいいのはAmazon**です。その主な理由としては、下記の通りです。

①店舗のウェブデザインなどが必要ない
②基本的に顧客リストは取れず、マーケティング手法が広告と商品紹介に限られる。そのぶん手間が少ない
③マーケットが大きいため、売れる商品を作れば売りやすい
④物流をAmazonに任せることができるため、手間がかからない

メルカリや自社ECを簡単にできるサービスも、もちろんあります。ただ、メルカリは不用品処分のような単品販売なら便利なものの、継続して販売となると手間がかかります。自社でECを運営すればウェブサイトデザイン、決済、梱包など想像以上に大変です。

一方、Amazonで販売をしても固定客獲得にはならない点に注意が必要です。同じような商品を安く売っている店舗があれば、顧客はそちらへ流れてしまいます。

売れる商品の決め方

Amazonでは、どういう商品を作れば売れるのでしょうか。

まずは「美容」「ペット」などカテゴリーごとの検索数と売上を見て、ある程度のニーズがある商材を探しましょう。そしてその商材の競合と差別化して、特定のニッチなマーケットで買う人がいそうな商品を開発します。

売れているカテゴリーを知るためには「SellerSprite[※1]」が便利です。例えば「lightning cable」と入力すると、商品名にこのキーワードを含む商品が一覧で表示され、Amazonでの検索数がわかります。無料でも使えますが、見ることのできる情報が限定されます。

また、本書で紹介しているSEOツールやTwitter、Instagramで調べて、よく検索・投稿されているキーワードを探すのもいいでしょう。

次に商品ごとの売上を調べます。これもSellerSpriteを使えば、**それぞれの商品のAmazon全体での売上金額や推移がわかります**。

商品の利益率を考えて（通常5～30％程度でしょう）、どの程度の粗利や販売価格なら一定の売上を確保できるか考えて商品を選びましょう。また、Amazonで出稿したときの広告のコスト（PPCコスト）などもわかります。

1:SellerSprite
https://www.sellersprite.com/jp/

……競合はどのように打ち出しているか

売れそうな商品が見つかったら、次に競合を調べます。同じような商品をいくらで、どのような画像で販売しているか調べましょう。特に大事なのは、どのようなキャッチコピーやメリットを打ち出しているかです。同じ表現をしていては、価格以外に差別化が難しくなります。

Amazonに限らず、大事なことは大きなマーケットで差別化を狙うことです。小さな所で差別化をしても売上は上がりません。大きなマーケットで、他社と差別化したニッチな発信を狙います。

見込み客が気にしそうで、かつ他者が前面に出していない特徴や機能を盛り込めないか考えます。

簡単な例ですが、筋トレの際に摂るプロテインを売るとします。「筋肉が育つ」といったコピーや、どれだけの栄養素が配合されているかは、競合も当然謳っているでしょう。そこで「個別包装」「味がいい」「ギフトに最適」など、オリジナリティのある特徴を考えます。

……商品の仕入れ方と在庫管理

自分でターゲットに合った製品を作ることができない場合は、どこかで仕入れるか、OEM（“Original Equipment Manufacturer”：自社ではないブランドの製品を製造すること）で作ってもらうことになります。

ウェブで調べると、製品を製造、開発しているメーカーをたくさん見つけることができます。先の例で言えば、「個別包装」「味がいい」といった差別化を実現できないかを相談してみましょう。

当然ですが、商品は小売店より卸問屋からのほうが安く仕入れられます。そのぶん、数量を求められますが、安く仕入れられれば収益が上がります。商品によっては中国で生産していて、アリババやタオバオに同じ製品が安く販売されているケースもあります。個別に販売元と交渉してもいいでしょう。

どちらもラベルや製品名を変えてもらえるケースもあります。これを自分の考えたブランドや店舗名で商品を販売することも可能です。もちろん製品のクオリティの確認をしておくことは忘れてはいけません。

商品はそのままAmazonのフルフィルメントセンターに送ってもらえば、在庫を管理する必要もありません。倉庫、注文での発注業務をお任せでき、かつ依頼すれば自社ブランドの箱などでも梱包してもらえますし、Amazon以外の発送も引き受けてくれます。有料にはなりますが、このようなサービスを利用することで注文対応も省力化できます。

ここがずるい！

- **最小限のリソースでビジネスができる**
- **実際に売れている商品がわかる**
- **既存の商品でも売り出すことができる**

プロダクトプロデューサーに聞く「売れる商品を探す方法」

どのような製品を企画・販売すれば投資対効果の高いプロダクトをリリースできるか、メーカーなら誰もが考えることです。

画期的なガジェットを幅広く取り揃え、数々のヒット商品を生み出し続けている「MODERN g」というショッピングサイトがあります。このサイトを運営するGlotureの創業者であるChelsea Chenさんにお話を伺いました。

陳 君一 Chelsea Chen

中華人民共和国天津市出身、中国の大学で応用化学を勉強し、卒業後、中国のシティバンクに就職。留学して修士の資格を取得するため東京外国語大学大学院に入学。卒業後に近未来のライフスタイルを実現する画期的なガジェットを幅広く取り揃えたショッピングサイト「MODERN g」を運営する株式会社Glotureを創業、現在も代表取締役を務める。

オフラインのイベントで商品を探す

収益に影響を与える販売のマーケティングで最も重要なことは、「誰が何を欲しがっているか」ということです。年齢やライフスタイル、季節や地域によっても商品の需要は異なります。

Amazonや楽天、Yahoo!ショッピングなどの人気商品やユーザー像のデータは、貴重な情報源となります。また、ECサイトでスピード感を持って数多くの商品をリリースすることによって、自社サイトの需要がどこにあるのかを検証することができます。

ただし、オンラインで検索できる情報のみで製品を考えていても、競合もすでに気付いている可能性が高く、高い付加価値で販売することはできません。

競争に打ち勝つには顧客のニーズを素早くつかみ、素早く優れた商品を見つけ、販売に繋げることです。

販売する商品の選定には、まず、オフラインでイベントに参加して情報収集をします。実際に参加することで、売れそうな商品を探すだけでなく、人脈を繋げ、ビジネスに活用できる新しい発想を得ることができます。

国内だけでなく海外のイベントにも積極的に参加するといいでしょう。

海外で2～3年前にトレンドになっている商品で国内にないものは、日本でも需要がある場合が多く、「売れる商品」になる可能性が高い傾向にあります。

国内外の有名なイベントをいくつかご紹介します。

- CES：アメリカのラスベガスで毎年開かれる、世界最大級のテクノロジーの展示会
- SXSW：アメリカ・オースティンで行われる、テクノロジーの祭典
- Viva tech：フランス・パリで開催されている、オープンイノベーションをテーマとした欧州最大規模のイベント
- Rise：アジア最大のスタートアップイベント
- Tech in Asia：アジアで行われるテクノロジーの展示会
- IVS：日本最大級のスタートアップ企業経営幹部が集まるカンファレンス&コミュニティ
- Slush：ヘルシンキで開始される世界最大級のスタートアップイベント
- Web summit：世界トップ規模の社会課題とテクノロジーを結び付けるスタートアップイベント

このような、オフラインのイベントで見つけた商品や情報をウェブ検索し、本当にいい商品なのかをさらに選定していきます。

クラウドファンディングからヒットの種を探す

新しいプロジェクトを発信し続ける、クラウドファンディングのサイトもヒットの可能性のある商品がないか定期的にチェックします。クラウドファンディングはトレンド感が大切なので、1年以内の情報で確認していきます。

実際に活用しているメディアをご紹介します。

・INDIEGOGO※1：世界最大級のクラウドファンディングプラットフォーム
・Kickstarter※2：アメリカを拠点としたクラウドファンディング

ウェブ上の情報で、金額と人数を見れば旬の商品の把握は可能ですが、クラウドファンディングの担当者と繋がることで、より魅力的なプロダクトを紹介してもらえることもあります。ここで、オフラインで参加したカンファレンスなどでの人脈や繋がりを生かすことができます。

商品は必ず実物を確かめる

情報収集をした結果、販売したい商品を見つけたら、商品のサンプルを取り寄せて「本当に自社のサイトで販売していい商品か」を見極めます。実際に商品を使用して、使用感や素材の良し悪し、価格は適正かなどを確認します。

商品によっては価格設定によって、売れそうでも売れないということが多くあります。100の商品を取り寄せて、実際に市場に出せる商品は1割ほど、このなかから本当に売れる商品は1つ、2つです。

とても少なく感じますが、本当にいい商品を自社のサイトで扱うことはとても大切です。これを続けていくことで、消費者や販売店、メディアからの信用を勝ち取り、多くの競合のなかで勝ち残ることができるのです。

1:INDIEGOGO
（英語）
https://www.indiegogo.com/

2:Kickstarter
https://www.kickstarter.com/?lang=ja

第7章

「必要だけれど探しづらい情報」を調べる

ずるい検索 46

特許や商標を探す

商品を開発したり新しいサービスを考えたりするとき、特許や商標のチェックは不可欠です。悪意はなくても誰かの権利を侵害していることもあります。難しそうに思えますが、手軽に調べられる方法もあります。

こんなときに役立つ!

・自社で特許や商標を取りたいとき
・特許や商標を侵害していないか知りたいとき
・海外の特許や商標を知りたいとき

……まずは簡単に調べてみよう

自社で特許を取ろうとするとき、すでに公開されている技術でないかを調べる必要があります。あるいは自社の事業が他社の持つ特許に抵触していないかを調べることもあるでしょう。

また、自社の商品名を他社に悪用されないために商標を取ることがあります。新しいサービスを行うときには、他社の商標を侵害していないかも調べなければいけません。

加えて、特許も商標も、登録後も更新をする必要があります。更新期限が過ぎると失効してしまいます。

特許や商標に関する調査では、弁理士が専門家になります。出願しようと考えているアイデアや商標を伝えると、類似の技術や商標の調査、そして出願して実際に特許や商標が取得できる可能性についてアドバイスをもらえます。一般的には1万円から十数万円の費用がかかります。

しかし、**特許や商標に関する情報は特許庁が公開している情報から誰でも無料で検索できます**。もちろん、類似の技術や商標の調査の範囲が漏れてしまうかもしれません。出願したときに権利が取得できるか、という点も保証はありませんが、高い費用を払う前に自分で調べておいたほうがいいでしょう。

国内の特許や商標を検索する

「J-PlatPat※1」という特許や商標のデータベースから、誰でも無料で検索できます。特許だけではなく、実用新案や意匠権も検索できます。

ワードを入力すると、一覧で表示されます。スペース区切りでAND検索、文献番号のみを入力した場合はスペース区切りでOR検索となります。なお、Googleのように言葉の揺らぎに対応していません。英語とカタカナなど何種類かあり得る場合は、それぞれ検索し直す必要があります。

特許出願の細かい話をすると長くなってしまいますので、この特許はどんな内容か、その特許が有効かを知ることにしぼって説明します。

1:J-PlatPat
https://www.j-platpat.inpit.go.jp/

ワード検索で出てきたリストのなかから「文献番号」をクリックすると、その特許の申請内容が見られます。

また、右の「経過情報」をクリックするとその特許が有効かを知ることができます。登録情報のタブがあり、「本権利は抹消されていない」という記載があればその特許は有効です。登録情報のタブがあっても「存続期間満了による抹消」となっている場合には有効ではありません。また出願審査情報しかなければ現在特許庁が審査中でまだ有効かわかりません。どちらもない場合はその特許は拒絶されて無効です。

国内の商標も同じくワードを入力するのですが、商標については区分という考えがあります、例えば区分41類は「知識の教授」「セミナーの企画・運営・開催」を行うものなどが当てはまります。

商標が同じでも違う商品やサービス（役務）であれば出願ができます。商標と併せてどの商品・役務で登録されているのか注意が必要です。

海外の特許や商標を検索する

海外の特許についての情報は、「WIPO[※2]」が提供しています。また、**海外の商標は「Global Brand Database[※3]」**で探すことができます。**日本の特許庁のサイトにも、調べるためのリンク[※4]**が提供されています。これらも無料で使うことができます。

ただ、日本語で登録したものは当然日本語の商標になります。海外での商標を申請する場合は、国際商標を申請するか、国ごとに商標申請をその国の言語で行う必要があります。

私は以前、海外での英語の商標の申請を試みたことがありましたが、うまくいきませんでした。

商標については国ごとに考え方が異なります。例えばシンガポールでは造語などのようなほかの名称と明確に区別できる商標でない限り、シンガポール国内である程度実績がある内容でなければ、商標出願が通りません。

商標登録したい事柄について過去の実績を伝えたのですが、残念ながら認められませんでした。また、一般的な名称を含んだ商標が通らないケースもありました（その単語を組み合わせた言葉であっても）。

海外で商標登録を考えることは少ないかもしれませんが、その国でサービスを始めようとしたら商標権侵害で訴えられる、といったリスクもあります。それを避けるためにも、確認しておくといいでしょう。詳細は国際特許事務所に問い合わせましょう。

特許や商標権など知的財産権は、その権利者を守るためのものでもあります。一方で、**権利を守ることで、その知恵を誰もが知り、利用できる**という便利さを備えています。

特許としてすでにある知恵を、権利者に相談して権利料を払って使わせても

2:WIPO
https://patentscope2.wipo.int/search/ja/search.jsf

3:Global Brand Database
（英語）
https://branddb.wipo.int/en/quicksearch?by=brandName&v=&rows=30&sort=score%20desc&start=0&_=1677148320545

4: 特許庁リンク
https://www.jpo.go.jp/system/trademark/madrid/wipotouser/index.html

らったり、その特許のアイデアをもとに新しいアイデアを考えたりすることができます。そのことを意識して情報を見ると、新たなアイデアや活用方法に気付くこともあるでしょう。

ここがずるい！

- 特許や商標について簡単に調べられる
- 他社の権利を侵害することでのトラブルを防げる
- 海外でのトラブルも避けることができる

ずるい検索 47

法律や会計の正しい知識を知る

会社員、個人事業、会社の経営、副業など、ビジネスシーンで必ず押さえておかなければいけないのが、法律や税金、保険の情報です。「知らなかった」では済みません。ひと通りの知識は持っておくようにしましょう。

こんなときに役立つ！

・労働基準法など基本的な法律を知りたいとき
・税金についての正しい知識を知りたいとき
・法に触れそうな問題が起きたとき

ビジネスの上で法律の理解は大事

例えば、労働時間や休憩時間に違反はないか、休暇の日数や残業代は正しく支払われているかを確認する際には、**「労働基準法」**を調べる必要があります。副業をしていれば、経費や確定申告に関して正しい手続きをするために、知らなければいけないことが多々あるでしょう。また、健康・美容のジャンルに関わる方にとって特に慎重になるのが、**「薬機法」**です。

簡単に法律を調べるツール

正しい法律を知るためには、管轄の税務署や労働基準監督署、年金事務所、ハローワークなどに直接電話をして聞くと、丁寧に教えてくれます。ただし、行政の対応時間外は聞けませんし、年末調整の時期などで行政が多忙になるときは電話が繋がりにくいこともあります。

ここでは、手軽に法律を調べるツールを紹介します。

■みんなの法令※1

紙や画像に書かれた法令名をカメラで写して検索が可能です。無料ですが、日常で必要な法律はほぼ網羅しています。例えば、ビジネスで契約書を交わす際や自社での法的書類作成の際に、その場で手軽に内容の添削や確認ができます。法律関係の老舗出版社である第一法規が出していることから、情報の信用性も高いと言えます。

■e-Gov 法令検索※2

デジタル庁が提供する法律の検索システムで、無料で最新の情報を得ることができます。例えば雇用契約や労働条件の問題、販売業務に従事している場合は特定商取引法に基づくルールなどを、簡単に調べることができます。

■薬事法ドットコムの薬機法ルール集※3

薬機法が項目ごとに分類されていて、欲しい情報が見つけやすくなっています。法改正の情報や過去の違反事例など、実際の事業の参考にしやすい情報を知ることができます。有料サービスがありますが、こちらのページでの検索は無料です。

……… 税金や保険を検索するツール

■TabisLand※4

会計知識がなくてもコラムとして読みやすい無料のサイトです。最新の法改正や保険料率、ふるさと納税についてもわかりやすく解説されています。セミナー情報も確認することができます。

1: みんなの法令
https://www.daiichihoki.co.jp/jichi/houreiapp/

2:e-Gov 法令検索
https://elaws.e-gov.go.jp/

3: 薬事法ドットコムの薬機法ルール集
https://www.yakujihou.com/rule/

4:TabisLand
https://www.tabisland.ne.jp/

■ 国税庁サイト※5

公的なウェブサイトは使いづらいイメージがありますが、こちらは便利で無料です。チャットボット機能があり、ちょっとした質問ならAIがすぐに答えてくれます。

■ 厚生労働省サイトのテーマ別検索※6

労働基準や年金、保険については厚生労働省のサイトが便利です。無料でテーマ別に探すことができ、最新情報がトピックスとして取り上げられています。改正情報などもすぐに確認することができます。

これらの法律は、しばしば改正が行われます。**知らないというだけで注意や罰則を受けたり、税金を余計に支払ったりすることもあります**。自社のビジネスに関わる部分は、しっかりと押さえておきましょう。もちろん、本当に法律関係で問題が起きたときはしかるべき専門家に相談してください。

ここがずるい！

- **専門家に頼まなくても法律や税金について調べられる**
- **問題になる前にトラブルを避けることができる**
- **自社のビジネスに関わる法律の知識を得ることができる**

5: 国税庁サイト
https://www.nta.go.jp/taxes/shiraberu/index.htm

6: 厚生労働省サイトのテーマ別検索
https://www.mhlw.go.jp/theme/index.html

ずるい検索

48

学術論文を調べる

学術論文は、専門家の書いた信用できる情報です。難しそうに思えますが、ある程度知識のある分野であれば、とても役に立ちます。引用することで、自分の発信に信憑性を持たせることもできます。大いに活用しましょう。

こんなときに役立つ！

- 専門的な知識を知りたいとき
- 自分の発信に信憑性を持たせたいとき
- 自分の詳しいことをさらに追求したいとき

……学術論文は引用されることが目的

インターネット上には、あらゆる情報が溢れています。しかし、インターネットで公開されるすべての情報には、売り込みや広告収益といった、公開する側の意図があります。

学術論文は、自らが発見や考察した内容を正しく伝え、多くの研究者に評価され、引用されることが目的の情報です。**売り込みやイデオロギーがなく、かつ、客観的なエビデンスがなければ認められない**と言えます。査読付きの論文であれば、より信憑性が高まります。

論文で正しい情報を知るということはもちろん、論文を紐解き、そこから引用することは、自分の意見の信憑性を高めるための有効な手段にもなります。

論文専門の検索エンジン

以下が有名な論文の検索エンジンです。論文は概要や結果が要約されているため、自分がある程度理解できる分野であれば、わかりやすいものも多いと思います。

また、以下のサイトでは、利用する組織によって利用できるかどうか、また有料・無料含め料金が異なるものがあります。ご注意ください。

■ Google Scholar ※1

複数のプラットフォームから学術論文を検索可能。日本語と英語で検索できる。引用数なども確認できる。

■ arXiv ※2

物理学、数学、コンピュータサイエンスなどの技術分野に特化した学術論文のデータベース。

■ PubMed ※3

医学・生命科学分野の学術論文を検索できる。

■ IEEE Xplore ※4

電気・電子・情報・コンピューター分野のトップカンファレンスやジャーナルの論文を検索できる。

■ JSTOR ※5

歴史、人文科学、社会科学、自然科学など多様な分野のジャーナルや本から論文を検索できる。

1:Google Scholar
https://scholar.google.com/

2:arXiv
（英語）
https://arxiv.org/

3:PubMed
（英語）
https://pubmed.ncbi.nlm.nih.gov/

4:IEEE Xplore
（英語）
https://ieeexplore.ieee.org/

5:JSTOR
（英語）
https://www.jstor.org/

■ ScienceDirect[※6]

科学・技術・医学分野のジャーナルや本から論文を検索できる。英語のみ。

■ ProQuest[※7]

博士論文や修士論文を検索できる。 英語のサイトですが、検索時に日本語表記があります。

また**インターネットで公開されていない日本の論文については、国立国会図書館のサイト**[※8]（無料）を使いましょう。日本で出版される出版物は、すべて国会図書館に寄贈されることになっています。

AIで論文を調べる

次にAIを使って論文を調べる方法も紹介します。**「ChatGPT」[※9]を使って論文と要約を出してもらいましょう**。

例えばNMN（ニコチンアミド・モノヌクレオチド）の論文を調べてみます。日本語の論文は数が少ないので、英語で論文を出してもらいましょう。

“Please summarize the papers about the effects of nicotinamide mononucleotide with URL.”
「ニコチンアミド・モノヌクレオチドの効果に関する論文を、URL付きで要約してください。」

長くなるので実際の回答は省きますが、もうちょっと論文が欲しい場合は、“Please continue to introduce other papers（「引き続き他の論文も紹介してください」）”のように入力します。

6:ScienceDirect
（英語）
https://www.sciencedirect.com/

7:ProQuest
（英語：切替可）
https://www.proquest.com/products-services/dissertations/

8: 国立国会図書館
https://www.ndl.go.jp/

9:ChatGPT
（英語）
https://openai.com/blog/chatgpt

このようにChatGPTでも論文調査はできますが、もっと便利なのは「Elicit[※10]」という無料の論文検索専用のAIサービスです。実際に上記と同じような質問をしたところ、多くの論文と要約を得ることができました。

このサイトでは、以下のような条件を付けることもできます。

「Intervention」：介入あり＝何か施策を行った結果が載っている
「Outcomes Measured」：成果あり＝行った施策の結果が載っている

加えて、「Citations（引用数）」などで並び替えることもできます。

また、**論文の信頼性や有用性を調べるならば、「CONNECTED PAPERS[※11]」**で調べるといいでしょう。指定した論文がどの程度引用されているかや、その関連性などをビジュアルでみることができます。使用回数や使用用途別に無料、有料プランがあります。

論文は慣れるまでは大変ですが、読めるようになると書籍より読みやすくなります。内容は研究テーマに絞られていて、概要があるので何が書いてあるか、探している内容と合うかすぐわかります。日頃の情報源に、ぜひ論文を加えてください。

ここがずるい！

- 自分の意見に信用性を持たせることができる
- 世界中の論文を参照できる
- 論文の有用性を知ることができる

10:Elicit
（英語）
https://elicit.org/

11:CONNECTED PAPERS
（英語）
https://www.connectedpapers.com/

interview

日本を代表するクリエイターに聞く「創造力を育てる習慣」

ビジネスで新しい企画や業務上で新しい発想が欲しいとき、なかなか提案が思い浮かばないことや、成功するかわからないという不安から提案をやめてしまうことはありませんか？　これからご紹介する人物の考え方を知ることで、その意識は変わるかもしれません。

日本を代表する起業家であり、クリエイター、アーティストとしても国内外で活躍する窪田望氏。AI分野の特許を16件取得し、内閣総理大臣賞を受賞。ルーヴル美術館でのゲリラアートライブや、GINZA SIX、銀座の資生堂パーラー、羽田イノベーションシティなどで2022年は14回ほど個展を開き、NFTプラットフォーム「Foundation」のクリエイターデイリーランキング世界一となった方です。そのほかにも起業家、AIの専門家、地域活性化のための謎解きゲームの主催・企画・運営、TikTokerなど、さまざまな分野で第一線の活躍をしています。

常に新しい発想を持ち、挑戦し、あらゆる分野で最先端を走り続ける。そのための「良い検索」について、窪田氏から教えていただきました。

窪田 望（くぼた・のぞむ）

慶應義塾大学総合政策学部卒業。15歳のときに初めてプログラミング開発を行い、ユーザージェネレーテッドメディアを構築。大学在学中の19歳のときに起業し、現在までCreator's NEXT代表取締役を務める。東京大学大学院工学系研究科技術経営戦略学専攻グローバル消費インテリジェンス寄附講座 / 松尾研究室（GCI 2019 Winter）、米国マサチューセッツ工科大学のビジネススクールであるMITスローン経営大学院で「Artificial Intelligence: Implications for Business Strategy」を修了。

創造力を育てる「右脳的アプローチ」と「左脳的アプローチ」

「良い検索」の考え方は2種類あります。「右脳的アプローチ」と「左脳的アプローチ」です。

新しい企画や情報を発信する際には、人の興味を惹き付ける「創造性」が不可欠です。「右脳的アプローチ」で実際に絵画作品などを見て、素材や色・構図・考え方などを確認することで知識のベースをつくり、「左脳的アプローチ」で正しい情報源から正しい知識を得て、創造性を膨らませるための素地をつくります。

左脳的アプローチの検索で正しい情報を見極める

「左脳的」、つまり論理的な情報源としてウェブサイトから法則やデータを見つけることから考えましょう。ウェブ上に出回っている根拠のない「二次情報」から判断するのは危険です。「一次情報」から情報を得る習慣を身に付けることは、ビジネスにおいて重要です。

まず、Googleで検索するときに、「site:」の検索演算子を用います。「site:go.jp」をキーワードに加えると、政府が発行している情報のみに絞ることができます。

また、論文を検索することも「一次情報」を得るには有効です。「Google Scholar[※1]」（無料）で論文を検索し、引用されている数を調べると、アカデミックの世界での論文の価値や信憑性を測ることができます。

しかし、新しい論文はGoogle Scholarで調べても、まだ引用された数が少ないため信頼性があるかどうかがわかりません。そこで、論文検索サイト「arXiv[※2]」（無料）を活用します。

例えば深層学習についての論文を調べたい場合は、サイト内で「deep learning」（「深層学習」の意味）と入力し、「Announcement date(newest first)」を選択すると、上から順に最新の論文を表示することが可能になります。

1:Google Scholar
https://scholar.google.co.jp/schhp?hl=ja

2:arXiv
（英語）
https://arxiv.org/

論文の最初に書いてあるアブストラクト（要旨）を「DeepL[※3]」（無料。有料プランあり）にかけて、最新のものからどんどん読んでいくことで知識が蓄積され、信憑性のある情報の「見極め」ができるようになってきます。私の場合は、この工程をすべてプログラミングしており、アブストラクトの翻訳がSlackに自動通知されるようになっています。

未知の仕組みを知るためには

次に「右脳的」、つまり直感や感性に基づいた情報源を見つけるときのことをお伝えします。美術館で大賞受賞作を見たり、過去の名作や著名なアーティストの作品を見たりして、それぞれの作品に対して人物的、歴史的な背景を意識します。

例えば、トレンドの中心で多額の資金をかけて作られる銀座のディスプレイのなかで、「資金を最小限に抑えるアイディアで作られている作品」は創造性の刺激になります。

ユニクロ銀座店のディスプレイで、Tシャツが左右に揺れ続ける展示がありました。それがすごく格好よかったのです。

中身を知りたくなりますよね。そこで動画を撮影して、こういうものに詳しそうな業界の方数名にその動画を送って聞いてみました。そうするとこれは「Arduino」というマイコンボード（プログラム開発ができるようにあらかじめ最低限必要なハードウェアをボードに組み込んだもの）で実装できそうということが判明しました。

未知の仕組みについて理解するためには、直接業界の人に聞くことが大切です。知り合いがいない場合は、会社を検索して数件問い合わせすると、どのような仕組みを使用しているかを知ることができます。そこから専門書や検索を活用して詳しく調べていき、知識を深めます。

3:DeepL
https://www.deepl.com/ja/translator/l/en/ja

ここで面白いのは、右脳的アプローチの末に、左脳的アプローチが待っているということです。銀座のディスプレイで心が動き、その原理を専門家に聞くと、Arduinoという左脳的に考えられそうな世界が待っている。でも、「Arduinoで実装するときにどう揺らすか」を考えたとき、再度右脳的探索が始まる。左脳と右脳が交互に交流し合いながら1つに重なり、思考は深まっていきます。

このようなフローは、あらゆるビジネスの現場でも活用できます。

各業種には注目されている商品やデザイン、商材などがあります。実際に目にして気になったものは、購入して試してみたり、展示会に行ったり、業者に問い合わせをしてみたりしましょう。

あらゆるものに対して右脳的な検索は有効ですし、そこで得た創造性はビジネスにおいて企画や提案、情報発信やコミュニケーションなどにも生かせるのではないでしょうか。

「人」が最大の検索エンジン

検索によってさまざまな知識を得ると、その業界で注目されている人物が見えてきます。その人物との人脈が繋がれば、さらに有益な情報が得られます。

ただ、実際にそうした人物と知り合うことは至難の業です。自分自身も見合う価値を提供できなければ、会うことすら難しいでしょう。

しかし、それを成し遂げるチャンスがあります。各業界で有名な人物が主催する勉強会や食事会、各種キャンペーンイベントへ参加してその人と仲良くなりましょう。

このようなイベント時にはソーシャルメディアなどで、告知されることがほとんどです。「参加者募集」とあれば、その人物が両手を広げて応募者を待っているわけです。これは「ボーナスタイム」と言えるでしょう。

探索についての原動力

変化の大きい現代では、さまざまなことが常に進化し続けています。ビジネスにおいても、一度成功したから大丈夫だということはありません。しかし事業や企画をやり切った後、お金や肩書きを得て満足してしまい、燃え尽き症候群になってしまう人もいるかもしれません。

私は、まったくやったことのない異分野のことに挑戦し、その分野のコンテストがあれば応募してみます。最初はきっと何も知らないし、できない。だから大いに恥をかくし、格好悪い。

しかしこれからの時代は恥をかいた者勝ちです。恥をかいた人のほうが伸び代はある。みんな頑張って「新人」を目指しましょう。業界の大御所になってふんぞり返るのは簡単です。まったくわからない分野に飛び込んでいくことのほうが学びは深くなるでしょう。恥をかくことを恐れずに探求し続けることで新しい創造性と探求心が生まれるでしょう。

ずるい検索 49

地域経済の情報を調べる

新しく店舗を出すときなど、その地域の市場規模や人口動向などの情報が必要です。また、補助金や自治体の入札情報など、地域別の情報もあります。これらも、ビジネスでは重要な情報です。併せて見ていきましょう。

こんなときに役立つ！

- 新しい地域でビジネスを始めるとき
- ビジネスで補助金を受けたいとき
- 自治体からの仕事を受けたいとき

市町村単位の情報を調べる

市町村のデータ収集は、Googleなどの検索エンジンが苦手とする内容です。不定期にデータ更新やシステム生成がされるため、内容を網羅的に取り込むのは困難です。古い情報を載せて検索の鮮度を落とすリスクがあるため、あまり扱わないわけです。

間違いのないデータを調べるために活用したいのが、地域経済分析システム「RESAS※1」（無料）です。地方創生の取り組みを情報面から支援するために、経済産業省と内閣官房デジタル田園都市国家構想実現会議事務局が提供しているものです。

「V-RESAS※2」（無料）は、新型コロナウイルス感染症が地域経済に与える影響に特化したサービスですが、都道府県市町村の粒度で、下記のようなさまざまなデータを感染拡大前（2019年）から比較して調べることができます。

1:RESAS
https://resas.go.jp/

2:V-RESAS
https://v-resas.go.jp/

■ 移動人口の動向

全国の移動人口の動向を、3〜6時間の時間帯ごとに確認できます。

■ 決済データから見る消費動向

クレジットカード決済情報をもとに、全国の消費動向をサービス業・小売業などの業種別に確認できます。

■ 宿泊者数

全国の宿泊者数を、1人・家族連れ・夫婦などの形態別に確認できます。

■ 求人情報数

全国の求人情報数を、「飲食/フード」や「ファッション/インテリア」といった職種別に確認できます。

このサイトは相当力が入っています。以前はデータが古いという問題もありましたが、リアルタイム性も高くなっており、**情報によっては1〜2週間前のデータも見ることができます**。また、データをダウンロードできたり、APIでデータを引き出せたり、さまざまな方法での活用を可能にしています。

…… ネットで白書を探す方法

白書を調べると市町村の情報を知ることができます。白書は図書館などにもありますが、ネットで見ることができるものもあります。

■ e-Stat※3（無料）

地域の人口、年齢構成、世帯数、出生数、死亡数、また婚姻数や離婚数などなど、政府の統計データを調べることができます。

3:e-Stat
http://www.e-stat.go.jp/

■「統計年鑑（統計書、県勢要覧、統計年報）」※4

国、都道府県または政令指定都市が刊行する、統計年鑑の情報を調べることができます。「土地」「人口」「商業」「教育」などのデータをエクセル上で詳細に確認できます。

上記のようなデータを、目的別に解析できるようにした「統計 Dashboard ※5」（無料）も便利です。簡単にデータの絞り込みやグラフ化が可能です。また、API が提供されていて、ほかのアプリケーションやシステム上でも利用可能です。自社の宿泊者データなどと連携してシェアを表現するなど、応用したソフトウェアの開発も可能でしょう。

オープンデータとして一般に公開

最近は、**「OPEN DATA※6」**として**自治体が持つデータが無料で一般に公開**されています。データの集計などをしていないぶん速報性が高く、最新の経済状況や地域の特徴などを把握できます。

また、このデータを活用したアプリやサービスが誕生しています。例えば「5374.jp※7」（無料）は地域のゴミの回収曜日を教えてくれるシンプルなアプリです。一般社団法人コード・フォー・ジャパンによるアプリで、金沢から始まりました。このアプリのソースコードはオープンソースで提供されており、ほかの自治体でも活用が広がっています。

いままでに展開していない地域でビジネスを始める場合、こうしたマクロデータで全体傾向を把握することは重要です。しかし、それだけで判断することは危険です。都道府県、市町村レベルでは粒度が荒過ぎますし、業界も「飲食や宿泊」という大雑把な業界分類では活用ができません。実際には同じ市町村の中でも地域によって条件は異なりますし、業界もカテゴリを細分化しない

4:「統計年鑑（統計書、県勢要覧、統計年報）」
https://www.stat.go.jp/library/faq/faq-r02.html

5: 統計 Dashboard
https://dashboard.e-stat.go.jp/

6:OPEN DATA
https://www.open-governmentdata.org/

7:5374.jp
http://5374.jp/

と本当の傾向はわからないはずです。

重要なのは、**これらのデータを参考にしつつ、実際にその地域の競合や顧客の意見を聞くことや、その地域に行って、実際に感じたことをベースに考えること**でしょう。

補助金はサイトでも調べられる

ここ10年で、中小企業が受けられる補助金や助成金は大きく増えました。特にデジタル系や社員教育系のものが増えています。

どのようなものがあるかは中小企業診断士などに聞くのが確実ですが、検索できるサイトはいくつかあります。

例えば**「ミラサポPlus[※8]」**（無料）は経済産業省のサイトで、経済産業省や管轄の**中小企業庁の助成金・補助金が調べられます**。

また、厚生労働省や地方自治体でもそれぞれ地域の企業を支援するためにさまざまな制度を設けています。**横断的に調べるなら「補助金ポータル[※9]」**（無料）のようなウェブサイトで探してみるといいでしょう。

目的別でも、地域別でも検索ができます。例えば「東京都　豊島区」で検索すると、「ホームページ作成で5万円」など8件の補助金が出てきました。

自治体によっては起業支援の制度も数多くあります。私は創業当初、練馬区で起業したのですが、練馬区の借入に対する利子補給は大変助かりました。

補助金は申請者が多いと抽選になることや、予算がなくなった時点で受付中止になることもあります。これらのサイトを確認して、倍率が低く、かつ自分のビジネスに役立つ補助金を見つけましょう。

官公庁や自治体などの入札情報を収集する

土木建築やシステム開発などで主に官公庁や自治体からの仕事を受けている

8: ミラサポ Plus
https://mirasapo-plus.go.jp/

9: 補助金ポータル
https://hojyokin-portal.jp/

のであれば、入札情報は重要な情報になるはずです。

いままでは、都道府県、市町村、省庁など地域や組織によって入札情報はバラバラに公示されていました。そのため情報収集にも時間と手間がかかりましたが、いまはインターネット上でまとめて探すことができます。

「入札王[※10]」などのサービスを使うと、入札したい業種や地域などを絞った情報や過去の落札情報を知ることができます。仕事に合った入札情報を知ることができます。入札王は地域や収集したい業種によって費用は増減し無料のトライアル期間があります。

また、**デジタル庁による横断的な入札・応札システム**が始まっています。**「e-Govポータル[※11]」**(無料)はそのためのサイトで、多様な入札や入札資格の管理をデジタルで完結させる取り組みです。また**「調達ポータル[※12]」(無料)では入札契約までも窓口一元化、オンラインでの利用を可能**にしています。

日本はデジタル化が遅れているというイメージがありますが、デジタル庁が積極的に省庁間の連携を進め、官公庁のデジタル化は進んでいます。これからこの動きは加速するでしょう。

ここがずるい！

- **現地に行かなくても地域の経済状況がわかる**
- **新規開拓のリスクを抑えることができる**
- **補助金を最大限活用できる**

10: 入札王
https://www.nyusatsu-king.com/home/

11:e-Gov ポータル
https://www.e-gov.go.jp/about-government/public-procurements.html

12: 調達ポータル
https://www.p-portal.go.jp/pps-web-biz/UZA01/OZA0101

第8章

「ウェブサイト分析」で自分が打つ手を知る

ずるい検索 50

他社サイトのユーザーやソフトを分析する

自社のウェブ戦略を考えるとき、自分たちだけで考えていても再現性は高まりません。有効なのは、成果の出ている競合他社や有名企業のウェブサイトが、どのように運用されているかを分析することです。

こんなときに役立つ！

- 自社サイトをどのように改善すればいいかわからないとき
- 自社サイトを新しく立ち上げるとき
- 他社サイトのユーザーを分析したいとき

……他社のサイトを分析できるサービス

どのようなユーザーがウェブサイトを見ているのか、そのユーザーはどんな関心を持っているのかがわかれば、多くのヒントを得ることができます。

そのために使えるのが、「Similarweb※1」です。このサービスは世界中のウェブサイトの行動を分析してレポートを提供しています。

対象のサイトを訪れる人がどのようなワードで検索しているかがわかり、SEOや広告出稿の際に大変参考になります。また**ページビューやセッション数、プロモーション手段**（広告など）がわかります。さらに、そのサイトに**ユーザーがどのようなチャネル（ソーシャルメディアや検索エンジン）から来ているかや、サイトを見ているユーザーがそのほかに訪問しているサイト**なども紹介しています（無料・有料によって機能が異なる）。

1:Similarweb
https://www.similarweb.com/ja/

・・・・・・・ サイトに訪れるユーザーの特性を知る

以前、私はスターバックスとマクドナルドのサイトを分析しました。

スターバックスのアプリは相当利用されているようです。サイトへの訪問はアプリからの誘導が多く、企業としては、他者が入り込む隙を作らず誘導できます。一方で、マクドナルドは主に検索からでした。

ユーザーが検索するときによく使われる言葉は、マクドナルドは“nutrition（栄養）”です。ハンバーガーを食べるときに栄養素が気になるのでしょう。対して、スターバックスは“career（キャリア）”でした。スターバックスでバイトや就職をしたいと考える人がウェブサイトに訪れているようです。

また、それぞれを訪れるユーザーがよく使うソーシャルメディアも知ることができます。スターバックスの利用者はFacebookが多数でしたが、マクドナルドの場合はYouTubeです。YouTubeを見ながらハンバーガーを探しているのでしょうか。

さらに、それぞれのウェブサイトの広告配信先も知ることができます。

Googleディスプレイ広告を掲載できる200万以上のウェブサイトやアプリのことを、「ディスプレイネットワーク」といいます。ディスプレイネットワークによって広告表示できるのは、世界中のインターネットユーザーの90%以上だといわれています。

スターバックスの場合、ディスプレイネットワーク上で配信している広告のリンク先は、米国で有名なギフトカードのサイトでした。ギフトカードのウェブサイトに「スターバックスのカードをギフトにしませんか？」と広告を出して、ギフトカードの購入を誘導しているのだと思います。

一方マクドナルドはHuluやYouTubeに広告を配信しています。動画や映画を見ているユーザーに向けた戦略であることがわかります。

Similarwebでは、このような**ユーザーの違いからそれぞれのサービスの利用のされ方を考える**上でのヒントになります。

「eMark+[※2]」は同じようなサービスですが、クレジットカード会社であるクレディセゾンの顧客をベースに分析できます。**日本の情報がわかる上に、クレディセゾンで決済した顧客の購買履歴を見ることもできます**。有料のツールですが、無料でも基本的な情報は分析可能です。

このようなサービスをウェブサイトだけではなく、事業全体に活用していきましょう。ただし、これらのサービスはさまざまなトラフィックデータから導き出した推測値です。精度についてはそれほど期待できませんが、傾向としての参考になります。特にどのようなチャネルから訪問しているかはかなりの確度でわかります。競合の広告戦略を見極めるのには役立つでしょう。

……サイトのソフトウェアを知る

あるウェブサイトと同じような仕組みで自社のウェブサイトを作りたいときには、そのサイトがどんなソフトウェアで作られているかがわかると参考になります。その場合「Wappalyzer[※3]」(有料。無料トライアルあり)を使うと、その**サーバのOSやCMSなどがわかります**。

また「Ghostery[※4]」(無料)はそのウェブサイトで**どんなCookieやツールを使っているのかを知ることができます**。

ここがずるい!

- **他社サイトのいいところを真似できる**
- **他社サイトにどんな経路でユーザーが訪れているかがわかる**
- **他社サイトに似せたサイトの作り方がわかる**

2:eMark+
https://www.valuesccg.com/service/dmd/emarkplus/

3:Wappalyzer
(英語)
https://www.wappalyzer.com/

4:Ghostery
(英語)
https://www.ghostery.com/

ずるい検索 51

人気の検索ワードを調べる

何かを販売するとき、誰がどんな商品を必要としているかを知ることはとても大事です。どんなにいい製品であっても、誰も欲しがらなければ売れません。世の中の人たちは、どんな商品を欲しがっているのでしょうか。

こんなときに役立つ！

- いまどんなワードが検索されているかを知りたいとき
- どんな地域でどんなワードが使われているかを知りたいとき
- 人気ワードの時間的な推移を知りたいとき

いちばん検索されているラーメンの種類は

「Google Trends※1」を使うと、**どんなワードがどんな頻度で検索されているかが無料でわかります**。2004年からのデータについて、日本の都道府県はもちろん、世界中のトレンドを知ることができます。

例えばラーメンで考えてみましょう。ラーメン屋さんを開くとき、どんなラーメンなら人気が出るでしょうか。

たくさん検索されているということは、人気があるはずです。Googleの検索エンジンでよく検索されているワードを参考に、ラーメン屋さんのメニューを考えると、人気商品のヒントになるかもしれません。

例えば「ラーメン」と入力すると、その期間中でいちばん検索されたときを100として、相対的なボリュームの推移を見ることができます。さらに、別の単語と比較することもできます。

1:Google Trends
https://trends.google.co.jp/trends/

①醤油ラーメン
②とんこつラーメン
③塩ラーメン
④味噌ラーメン

この4つのラーメンのうち、どのワードがいちばん多く検索されているでしょうか。

2022年2月の結果を見ると、味噌ラーメンです。2004年までさかのぼって調べると、それまで人気だったとんこつラーメンを2008年に抜いて1位になっていることがわかります。

また、都道府県ごとの違いも見ることができます。北海道より青森、宮城のほうが味噌ラーメンを検索していたり、近畿地方は塩ラーメンのほうが人気だったりします。

……より具体的な数値を分析する

このように、Google Trendsは、2005年からの長期的なトレンドがわかること、世界中、都道府県の人気の違いが一目でわかるところが長所です。ただ、指定したワードについての「100%」「60%」などといった相対的なトレンドはわかりますが、具体的な数値はわかりません。

そこで次にご紹介したいのは**「Google キーワード プランナー※2」**です。Google広告のアカウントを作成すると誰でも無料で使えます。広告アカウント作成もクレジットカードを登録する必要はありますが、そこまでなら無料で使えるサービスです。

Google キーワードプランナーは**Google検索を利用するユーザー全体のインプレッション数と想定できるクリック数**がわかります。

2:Google キーワード プランナー
https://ads.google.com/intl/ja_jp/home/tools/keyword-planner/

また、**入力したキーワードに関連するキーワードやフレーズが表示されます**。例えば、「転職」をキーワードとした場合、「転職エージェント」「転職サイト」「転職理由」など、関連するキーワードやフレーズが表示されます。

「月間平均検索ボリューム」は文字通り月間の平均の検索数、折れ線グラフは1月から12月までの月ごとの検索数の推移です。この例だと、転職で年代ごとに転職を考えるタイミングが違うことがよくわかります。また、3カ月の推移や前年度からの増減もわかります。

キーワード ↑	月間平均検索ボリューム	3か月の推移	前年比の推移	競合性
人材 紹介 会社	3,600	0%	0%	中
転職	201,000	-18%	0%	中
転職 20 代	9,900	-33%	-45%	中
転職 30 代	6,600	-18%	0%	中
転職 40 代	6,600	-33%	-45%	中
転職 50 代	2,400	-21%	+19%	中
転職 60 代	90	-36%	+40%	中
転職 エージェント	40,500	0%	0%	中
転職 サイト	110,000	-19%	+22%	中
転職 体験	70	+22%	+120%	低

ほかにも**このワードを使っている地域やデバイス**などがわかり、将来の傾向についてもAIが予測してくれています。ターゲットや将来性を探るのに役立ちます。

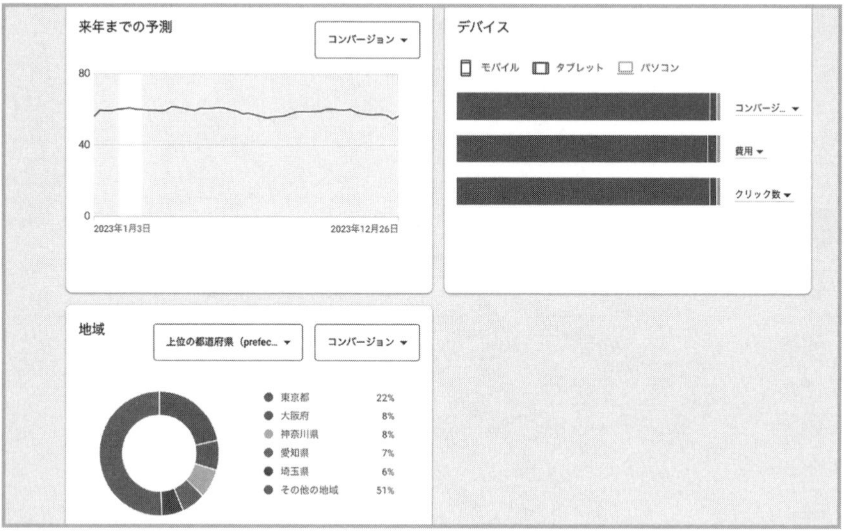

検索上位のサイトを参考にする

さらに活用したいならば、Chromeの**「Keyword Surfer[※3]」**（無料）というエクステンションが便利です。まず画面右側から国の指定ができます。検索結果の下には指定した国からの訪問数（月間）と、そのサイトのランディングページの単語数、それに検索キーワードと完全一致の言葉がそのサイトでいくつあるかが表示されます。

3:Keyword Surfer
（英語）
https://chrome.google.com/webstore/detail/keyword-surfer/bafijghppfhdpldihckdcadbcobikaca?hl=ja

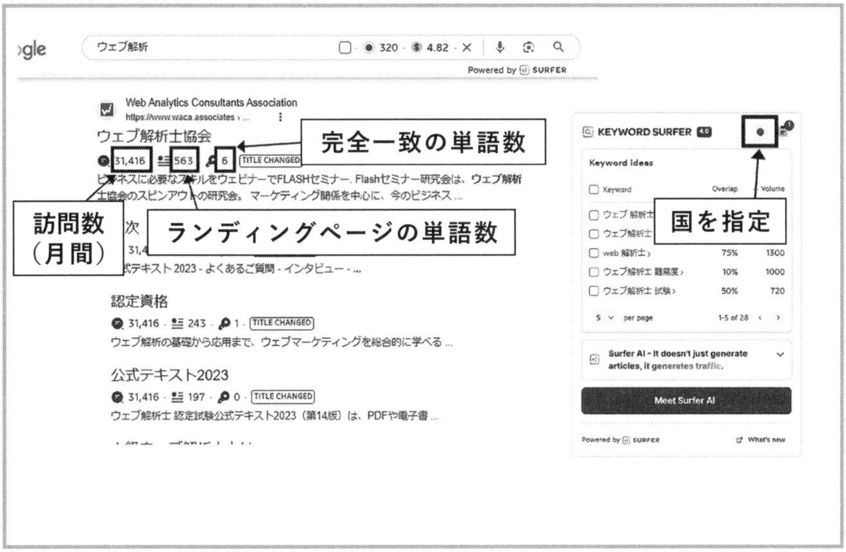

これらを、自分の記事やサイトを作成する際に参考にすることができます。

調べた結果に対する仮説が必要

このように、ツールを使うことでさまざまな情報がわかります。ただ、データはデータでしかありません。その結果となっている理由を探らなければ再現性は生まれません。

ラーメンの例で言えば、なぜ味噌ラーメンが最も検索されているのでしょうか。とんこつラーメンや塩ラーメンより味噌ラーメンを出すお店の数が多いということはないでしょう。

ここで理由を考えてみます。とんこつラーメンや塩ラーメンのお店は、人気もあるのでわざわざ検索しなくても好きなお店を知っていることが多いのでしょう。しかし味噌ラーメン屋は知っている美味しいお店が少ない、だから検索するのではないでしょうか。

　この仮説が正しいかどうかは本質ではありません。**大事なことはデータを見て、仮説を立てて、行動すること**です。実際に宣伝してみる、販売してみることで売上が伸びるかどうかで、仮説が正しいかどうかを検証しながら改善していくことが必要です。

ここがずるい！

- **複数のワードから人気を比較できる**
- **いま、ここで人気のワードがわかる**
- **過去・現在・未来の流れで人気を把握できる**

ずるい検索 52

競合のウェブサイトの認識度を知る

Google で、競合のサイトよりも自社が上位に表示されれば、それだけビジネスは有利になります。さまざまな方法がありますが、ここでは自社や競合のウェブサイトが、どれだけ上位表示されやすくなっているかを見てみましょう。

こんなときに役立つ！

- 自社サイトを他社より上位表示させたいとき
- 自社サイトが Google で上位表示されやすいかを知りたいとき
- Google で上位表示されやすい他社サイトのページを知りたいとき

どれくらい認識されているかを知る

Googleの検索エンジンでそのWebページを表示させるためには、当然ですがGoogleがそのウェブページの存在を知り、どんな内容か認識していることが前提となります。

Googleは「ロボット型」の検索エンジンです。「クローラー」や「ボット」と呼ばれる巡回プログラムで世界中のウェブサイトの情報を収集しています。そのなかで検索されたキーワードに最も近いウェブサイトを、プログラムで表示しているわけです。

検索エンジンで競合よりも有利な状態で表示されるためには、Googleなどの検索エンジンでそのウェブサイトがどのぐらい認識されているかを知ることが大事です。

Googleがどのページを上位に紹介するかは、ページの長さや文章の内容、リンクの数と質など、さまざまな要素で判断されています。SEOでウェブサイトを上位に表示させようとするならば、Googleから見てほかのウェブサイトより優れたウェブサイトであると認識してもらう必要があります。いくら優れたページであっても、Googleが認識していなければ検索結果で上位に上がることはないからです。

そこで、以下に示す検索演算子を使うと、Googleがそのサイトをどのように認識しているかを知ることができます。

この内容を調べることで、自社や競合がどの程度検索エンジンで上位に表示される工夫をしているか、していないかを知ることができます。ただ、無闇にこれらの指標をよくしても、Googleがいい評価をするとは限らないことはご注意ください。

演算子	説明	例	参考にできること
site:URL	指定したURLのサイト内のページを出力	site:https://ejtter.com	・指定したサイトのページを出力 ・出力されないページは検索対象になっていない
site: URL ワード	指定したURLのサイト内の、指定したワードを含むページを出力 ※ワードにはand or -も使える	site:https://ejtter.com ウェブ解析	・指定したサイトにおいて、指定のワードが入ったページを出力 ・出力されないページはそのワードでの検索対象になっていない
inanchor: ワード	指定のワードが含まれたアンカーテキスト（リンクボタンに書かれた文字）を持つページを出力	inanchor:ejiri	・指定のワードが含まれたアンカーリンクのあるページを出力 ・出力されない場合、そのアンカーリンクが検索対象になっていない

演算子	説明	例	参考にできること
related:URL	指定したURLとテーマが似た関連ページを出力	related:https://www.waca.associates/jp /	・指定のサイトに似たページを出力 ・自社サイトのURLで調べれば、Googleが似たサイトだと認識しているサイトがわかる
cache:URL	指定したURLについてGoogleがバックアップしているデータを出力	cache:https://ejtter.com	・指定のサイトでGoogleが認識しているページを出力 ・新しいページが出力されない場合、まだ検索対象になっていない

競合と比較して分析する

同じことをライバルのウェブサイトでも実施しましょう。ライバルのほうがよく認識されている、例えばたくさんのページがGoogleの検索対象になっている、または関連するサイトがライバルのほうが多いようであれば、その差を見て、改善するポイントが見つかるかもしれません。

また、**上位に表示されているページに対して検索演算子を使って調べることで、どの検索キーワードでどのページが表示されるのか知ることができます**。

ただし、リンクが多いとかキーワードがたくさん入っているという単純な基準でGoogleはそのページを優秀だと判断（＝上位に表示）させているわけではありません。詳しくは割愛しますが、ユーザーにとって役立つ、ほかにはない信頼できる情報が広く、深く載っていることが基本だと考えましょう。

ここがずるい！

- **他社サイトが工夫しているところを真似できる**
- **自社サイトの弱い部分がわかる**
- **どんなワードでどのページが表示されるかがわかる**

ずるい検索 53

昔のサイトや削除されたサイトを調べる

ウェブサイト上の情報は常に更新されます。基本的には昔のページや削除されたサイトを見ることができませんが、それらを可能にするツールがあります。活用方法と合わせて、見ていきましょう。

こんなときに役立つ！

- 競合サイトがどのように改善してきたかを知りたいとき
- いまはないサイトやページの情報を知りたいとき
- 企業がこれまでどんな事業をしていたか知りたいとき

昔のウェブサイトを調べる

ウェブサイトをリニューアルするときには、競合企業のウェブサイトが参考になります。現在の競合企業のウェブサイトを見るだけでは現在の状況しか把握できませんが、過去の情報を調べることで、その企業の過去の取り組みや改善戦略が見えてきます。業界の典型的なUIを把握することができますし、競合サイトにないものを自社のサイトに取り入れて差別化させることもできます。

このとき便利なのが**「Internet Archive※1」**（無料）です。

確認方法はいたってシンプルで、URLを入力し、表示されたカレンダーから確認したい日付を選択することで、**1996年以降、過去のウェブサイトを閲覧することができます**。削除されたウェブサイトを見つけることも可能です。

1:Internet Archive
（英語）
https://archive.org/

例えば私が以前経営していた会社の過去のサイトを調べると、このように表示されました。

…… 書籍や雑誌なども調べられる

キーワードを入力することでも、**そのキーワードが入った過去のウェブサイトを調べることができます**。例えば「ウェブ解析」で検索すると、次のように表示されます。

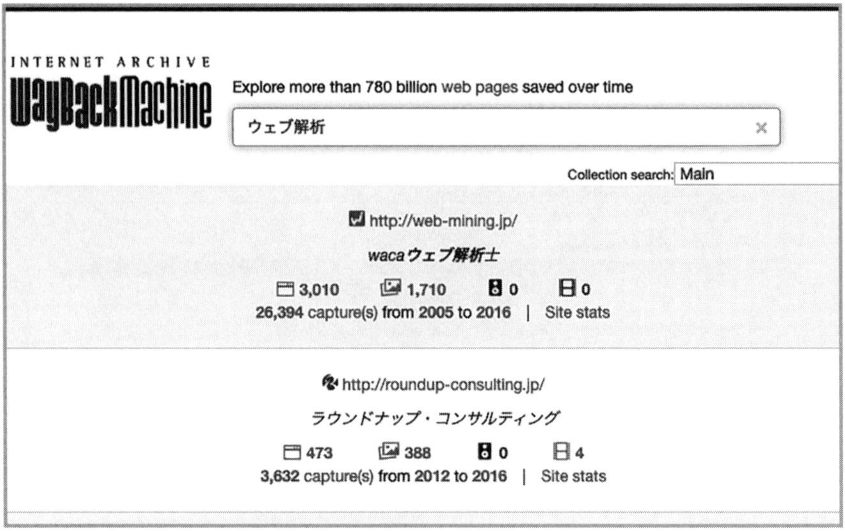

過去のウェブサイトを調べることで、企業がどのように展開してきたか、事実に基づいた調査に活用することができます。就職先として考えている企業がこれまでどんな事業をしていたのかを調べるのにも使えます。

ここがずるい！

- 通常ではわからない古い情報を得られる
- 競合他社の戦略を読み取れる
- 業界で一般的な UI などがわかる

ずるい検索 54

自社サイトの訪問者が使う検索ワードを調べる

自分の企業や商品についてどのような人が関心を持っているのかを調べるなら、まずは自分のウェブサイトに来ているユーザーを調べることです。最も簡単に、自社のターゲットに近い情報を取得できます。

こんなときに役立つ！

- 売上が伸び悩んでいるとき
- 自社の商品が売れている理由を知りたいとき
- 新しい商品やサービスを開発するとき

……自分のサイトを分析するのが近道

自社のウェブサイトに訪問する人は、自社に対してかなり関心が高いユーザーです。ウェブサイトをニーズごとに分類することで、顧客の関心事を知ることができます。

最も重要な情報は検索キーワードです。例えば、女性ファッションのサイトで「ワンピース　かわいい」で検索して訪れるユーザーが多い場合、訪問者のニーズに合わせて、かわいい路線の商品数を増やすことで訪問者数の増加が見込めるでしょう。あるいは、香水の販売ページの検索キーワードが「香水　男性　お勧め」の場合、女性向け商品よりも男性向け商品のニーズが高いことがわかります。

検索キーワードを知ることで、どのようなニーズがあるかと、検索エンジンでどのようなワードで自社のウェブサイトが評価をされて、よりたくさんの人に見てもらっているかも知ることができます。

……どんなワードで訪問しているか

昔はGoogle アナリティクスなどのアクセス解析ツールで検索キーワードを収集できましたが、いまでは単独では取得できなくなりました。そこでお勧めなのは、**「Google Search Console※1」（無料）のようなウェブマスターツール**です。

Google Search Consoleを使うと、Googleで**どんな検索ワードが使われたときに自社サイトが上位表示されるかや、どれくらいクリックされているかの概算値を知ることができます**。

自分のウェブサイトで表示回数のある記事、クリックされやすい記事を中心に強化していけば集客を増やすこともできます。もちろん商品やサービスであれば商品に関する記事に絞り込んでその内容でコンテンツを強化することや、そのワードに関する解決策やヒントをサイトに載せたり、商品の説明に加えたりしてもいいでしょう。

また、このツールを使用するためには、自分がそのウェブサイトの所有権があることをGoogleに認識させる必要があります。ウェブサイトにタグを設置する、サーバのDNSの設定を変える、Google アナリティクスなどを同じアカウントで設置しておくなどの方法をGoogleが提供しています。

……定期的にデータを収集してくれる

Google Search Consoleで調べたデータは、**Google Sheetsなどにエクスポートして加工することも簡単**です（次ページの写真はウェブ解析士協会のウェブサイトの例です）。

1:Google Search Console
https://search.google.com/search-console/about?hl=ja

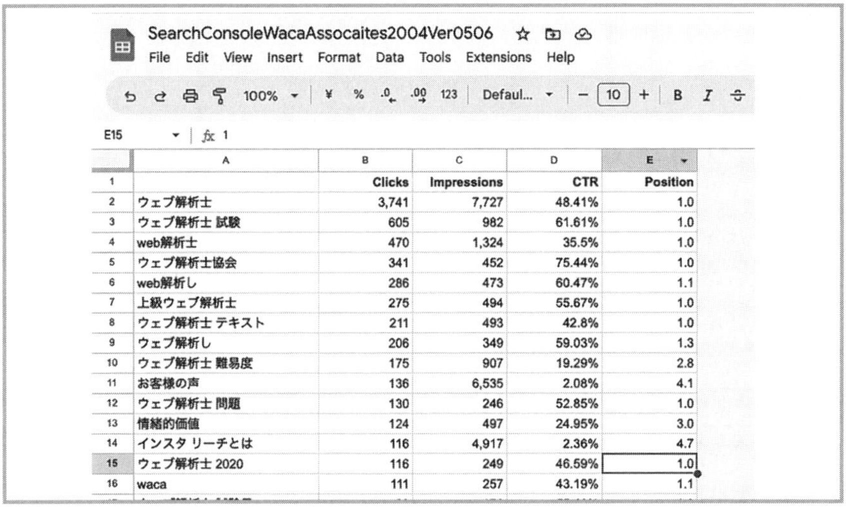

	A	B	C	D	E
1		Clicks	Impressions	CTR	Position
2	ウェブ解析士	3,741	7,727	48.41%	1.0
3	ウェブ解析士 試験	605	982	61.61%	1.0
4	web解析士	470	1,324	35.5%	1.0
5	ウェブ解析士協会	341	452	75.44%	1.0
6	web解析し	286	473	60.47%	1.1
7	上級ウェブ解析士	275	494	55.67%	1.0
8	ウェブ解析士 テキスト	211	493	42.8%	1.0
9	ウェブ解析し	206	349	59.03%	1.3
10	ウェブ解析士 難易度	175	907	19.29%	2.8
11	お客様の声	136	6,535	2.08%	4.1
12	ウェブ解析士 問題	130	246	52.85%	1.0
13	情緒的価値	124	497	24.95%	3.0
14	インスタ リーチとは	116	4,917	2.36%	4.7
15	ウェブ解析士 2020	116	249	46.59%	1.0
16	waca	111	257	43.19%	1.1

ただ、都度ログインし、エクスポートするのは手間になると思います。そこでGoogleの「Search Analytics for Sheets※2」という拡張機能を使うことで定期的にデータを収集することができます。

このツールでは、自分が所有権を持つGoogle Search Consoleのデータをスプレッドシートに自動で取り込むことができます。有料プランもありますが、無料でも2万5000行までは自動的に取り込むことができます。

これを定期的に行ってくれるように設定もできます。さらに、「Backup」機能で期間を指定するだけで、定期的にバックアップをしてくれます。

ここがずるい！

- **自社に関心のある人たちのニーズがリアルにわかる**
- **その商品が「なぜ人気なのか」がわかる**
- **自動で定期的に情報収集できる**

2:Search Analytics for Sheets
（英語）
https://workspace.google.com/marketplace/app/search_analytics_for_sheets/1035646374811?hl=ja

ずるい検索 55

自社サイトにどんな人が訪れているかを知る

特にB2Bの企業では、自社の商品やサービスにどの企業が関心を持っているかを知ることができれば、それを入り口にアプローチできます。また、競合が自社のどんなページを見ているかがわかれば戦略も打ちやすくなります。

こんなときに役立つ！

- 新規顧客を開拓したいとき
- 自社サイトを訪れる人の関心を知りたいとき
- 誰かが自社サイトを訪れているかを知りたいとき

……「何が欲しいのか」を客に聞けばいい

自社のウェブサイトに来るユーザーは相当関心が高い見込み客です。その見込み客の動きを知ることでウェブサイトからの売上だけではなく、自社のビジネスの可能性を知ることができます。

以前は「Google アナリティクス」を使って、地域や大手企業のドメインをもとに、どんな人が自社のウェブサイトを訪れているのか、ある程度の分析ができました。しかしいまはこれらの情報は非公開になっていて使うことはできません。

そこで、国内では**「どこどこJP※1」**（有料。無料のお試し期間あり）というサービスをお勧めします。単体ではデータを見ることはできないので、Google アナリティクスなどのアクセス解析ソフトと組み合わせて使いましょう。

ウェブサイトを訪問するにはプロバイダーや企業など、何らかの接続ポイン

1: どこどこ JP
https://www.docodoco.jp/

トからインターネットにアクセスしており、それらのアクセスポイントにはIPアドレスが付与されています。どこどこJPは国内外のIPアドレスと接続ポイントについてのデータベースを持っています。この情報をもとに、**自社サイトを訪問したユーザーの都道府県や訪問企業や業種、規模などを知ることができます**。また、ユーザーがどのページを見ているかもわかります。

ユーザーがどのページに関心があるかがわかれば、さまざまに活用できます。例えば、そのサービスや商品に関わる情報を紹介できます。PDFや小冊子にまとめて、ダウンロードできるようにすると使いやすいでしょう。

そうしたプレゼントをするときに、送付先としてメールアドレスや関心のあることを聞いていくという方法もあります。プレゼントを受け取ったユーザーは少なからずそのテーマに興味があるはずなので、その後メールでセミナーやキャンペーンの案内ができます。

また、FacebookやGoogleなどのインターネット広告ではメールアドレスをキーに配信先を絞り込むことができます。集めたメールアドレスを活用して、広告を発信することもできます。

上手な使い方の事例

こうしたデータを使って成果を上げている企業はたくさんあります。

ある住宅メーカーでは、建売・戸建てなどの目的や住宅ローンや補助金などの資金面での情報などを網羅して紹介しています。営業担当はウェブサイトから問い合わせがあったお客様と会う前に、そのお客様がどのようなページを長く見ているかを調べ、資料を準備しています。

ほとんどのお客様は複数の会社と話をしています。その状態で成約率を高めるためには、スピードも重要です。お客様の欲しい情報を事前にウェブサイトの行動から収集できれば、ストレスを感じさせず、成約率を上げることができるわけです。

また、選挙用の投票箱を作っていた会社は、選挙区の統合で売上減少に悩んでいました。そこで自社のウェブサイトを訪れるユーザーを分析すると、高校や大学の接続ポイントからの訪問がありました。

なぜ学校なのだろうと、元々関係性のあった学校にヒアリングしてみました。すると生徒会などの投票を本格的にするため、本物の投票箱を使いたいというニーズがあるとわかりました。

同じように、ウェブサイトに訪問してくる組織情報をもとに、アイドルの人気投票などエンタメ業界という新たな市場を切り開きました。

このとき、**その組織の何人が訪れているかも大事な情報**です。1人だと担当者が軽く関心を持つ程度かもしれませんが、あるタイミングで同じ企業からたくさんのユーザーが閲覧していれば、会議で話題になったのかもしれません。数人が何度も見ていれば稟議に上がっている、といった推測もできます。

とても上手な使い方だと感じたのは、世界中の株価情報を提供するサービスの担当者の方です。

この会社のサービスを使うと、世界中の上場企業の株価を100年単位で調べることができます。ターゲットは国際関係やグローバル企業の経営に関する研究をしている日本中の大学の先生です。

そこで彼は「組織名分析」を活用しました。まず大学ごとに先生を1人だけ選んで手紙（ダイレクトメール）を送りました。

そこでは、販売しているサービスの概要がわかるウェブサイトを紹介しています。手紙を受け取った先生が大学内のネットワークからウェブサイトを訪問すると、IPアドレスからどの大学からの訪問かわかります。大学ごとに1人しか送っていないので、どの先生かもわかります。そうして先生のニーズに合った情報を提供するわけです。

・・・・・・・欲しい情報ごとにページを整理する

　このように、ユーザーがどこから訪れているかを知ることで、さまざまなヒントが見えてきます。ただし、こうした分析ができるのは、自社のウェブサイトが**「誰が」「どんなサービス」に関心があるかを分類できるような構成になっていることが前提**です。

　サービスの種類やユーザーの目的ごとにページが分かれていなければ、ニーズも特定できません。例えばウェブサイトに「会社情報」と「サービス」をひとまとめにしてしまうと、せっかく訪問してきたデータを見ても会社情報に興味があるのか、サービスに関心があるのかわかりません。

「小売店のみなさまへ」「不動産売却を検討している方へ」「お子様向け」「社会人向け」といったように「誰」向けの「どんなサービスか」を明確にすれば、そのニーズを知ることができます。

　なお、このIPアドレスから組織名などを収集するサービスは、海外では規制対象になる可能性があります。GDPR（EU一般データ保護規則）が定められているEEA（欧州経済領域）のように、IPアドレスの情報の利活用に厳しい地域からの訪問がある場合、このサービスを利用することが法律に抵触することがあります。

　海外からの訪問者が多いウェブサイトの場合は、その地域からのアクセスをブロックするか、海外からのユーザー向けに別サイトを作りそちらに振り分ける、といった対応をしないと罰金の可能性もあるため気をつけてください。

　見込み客の行動情報は、ソーシャルメディアでもコンサルタントからでも手に入らない貴重な情報源です。欲しい人に欲しいモノを売れるよう、ウェブサイトを情報源として活用しましょう。

ここがずるい！

・ユーザーが自社の何に関心を持っているかがわかる
・どんな人が自社サイトに来ているかがわかる
・訪問者の欲しいものを提供して売り込める

ずるい検索 56

自社サイトの問題点を調べる

自社のウェブサイトが集客できていない、いまひとつ売上に繋がらないと悩むこともあると思います。ウェブサイトを自分で見ても何が悪いかわからない。そんなときはどうすればいいのでしょうか。

こんなときに役立つ！

- 自社サイトをリニューアルしたいとき
- 他社のサイトを真似ても結果が出ないとき
- 自社サイトで案内しているサービスが伸び悩んでいるとき

…… 世の中の情報が正しいとは限らない

自社のウェブサイトの改善をするのであれば、インターネットがいちばんの情報源となるでしょう。**「Web担当者Forum※1」（無料）や「ネットショップ担当者Forum※2」（無料）を見ると、最新の事例や情報を知ることができます**。

次に、書籍も有益な情報源になります。いまはウェブマーケティングやSEOの本がたくさん書店やAmazonに並んでいます。ソーシャルメディアや動画でもいろいろな情報やテクニックや成功事例を知ることはできるでしょう。

これらの情報はもちろん有用です。ただ、注意したいのはそれがいつの情報なのかです。ソーシャルメディアも検索エンジンも常に更新されていて、古い情報ではそのテクニックが役に立たない、悪ければマイナスに働く可能性もあります。

1:Web 担当者 Forum
https://webtan.impress.co.jp/

2: ネットショップ担当者 Forum
https://netshop.impress.co.jp/

そして、最新の情報だとしても、その方法が自社の目的に当てはまるかどうかは誰にもわかりません。そのタイミングで、その企業の、そのターゲットユーザーだから刺さったのであって、まったく同じことをしたとしても同じ結果が出るとは限りません。

そもそも、同じことをしていては二番煎じにしかなりません。インターネットで何かを探すときに、2番目に安い商品、2番目に役立ちそうな企業、2番目に人気のサービスを選ぶことがあるでしょうか。インターネットでは1番が総取りです。

……簡易的なウェブ診断ツールを使う

ウェブサイトで成果を上げたいならば、どこかの成功事例を真似るのではなく、参考にしつつ、自分たちなりの成果が上がる法則を探す必要があります。しかし専門家に相談するとお金もかかります。まずは無料で簡易にウェブサイトの問題点を診断できる方法を試してみましょう。

Chromeの拡張機能**「Lighthouse[※3]」**（無料）をインストールして診断したいウェブサイトで実行すると、そのサイトを診断してくれます。

結果は英語ですが、次の診断結果がわかります。

- Performance：サイトを表示するのに時間がかかっていないか
- Accessibility：障害などがある人にとって使いやすいか
- Best Practice：信頼できるサイトか
- SEO：検索エンジンで上位に表示されるか

それぞれ点数で評価され、改善すべき問題点が表示されます。

ただ、Lighthouseの診断結果が絶対ではないことには気をつけましょう。

3:Lighthouse
（英語）
https://chrome.google.com/webstore/detail/lighthouse/blipmdconlkpinefehnmjammfjpmpbjk

Googleとはいえ簡易診断です。例えばPerformanceの診断結果は参考になっても、詳細な問題となるとサイトを細かく調べる必要があります。本格的な診断は、やはり専門家にお願いするのがお勧めです。

答えはユーザーに聞く

ウェブサイトを訪問するときに、最初に訪れるページをランディングページと言います。そのページを見て、面白いと思わなければ、ユーザーは決して商品の購入や、サービスの資料請求をすることはありません。

ランディングページオプティマイゼーション（LPO）ツールを使うと、どのページがユーザーを逃してしまうか、お客様に聞くことができます。

まずは、ランディングページをAとBと2種類作成します。LPOツールを使うと、訪問した人ごとにA、B、A、Bと振り分けて見せることができます。また、どっちが直帰しやすいか、どっちがコンバージョンしやすいかを測定することができます。

その結果から、どちらのページのほうが有効か判定してくれます。このテストをA/Bテストといい、繰り返すことで最も効果的なウェブサイトをお客様のサイトの行動から作り出すことができます。

具体的には、**「Google オプティマイズ[※4]」**（無料体験版あり）というLPOツールが提供されています。自社サイトのバナーや文言をワープロ感覚で差し替えることができます。しかしこちらのサービスは2023年9月で終了してしまいます。

そのほかにも有料のサービスとして**「Optimizely[※5]」**も簡単にA/Bテストができます。また**「Flipdesk[※6]」**も同様のサービスを提供しています。

4:Google オプティマイズ
https://marketingplatform.google.com/intl/ja/about/optimize/

5:Optimizely
https://optimizely.gaprise.jp/

6:Flipdesk
https://flipdesk.jp/

最も大事なのは入力フォーム

ランディングページより重要なのは、注文やお問い合わせの入力フォームページです。注文しようとしても入力する項目が多過ぎたり、途中で間違ったりして結局やめてしまった経験がある人も多いのではないでしょうか。

こうした課題の対策には「EFOツール」が役立ちます。EFOはエントリーフォームオプティマイゼーションの略で、エントリーフォームを改善することで見込み客の離脱を避けることができます。

まず、フォームでの入力を支援する機能があります。郵便番号を入れたら自動で続きの住所を入力してくれる、あるいは間違った入力をすると問題を指摘してくれるといった機能です。

また、ユーザーが入力に時間がかかっていたり、離脱したりしている箇所を教えてくれます。

具体的なツールとして、このようなソリューションで無料のものはあまりいい評判を聞かないので、ショーケースが提供する**「Form Assist」や「Form Converter」**[※7]など（有料）がいいでしょう。**入力フォームでもA/Bテストもできるだけではなく、担当者から改善提案してもらうことができます**。

少し話がずれますが、もう1つ。**「Benchmark[※8]」ではEメールでのA/Bテストができます**。A/Bテストの機能を使うには有料プラン（無料トライアルあり）の登録が必要ですが、どのような文面がクリック率が上がるのか、どのようなキャンペーンが顧客に興味を持ってもらえるかを知るには有効な手段だと思います。

訪問者のインサイトを考える

このようにどのデザインや文言がいいか、テストを繰り返すことで成果を上げるウェブサイトを作ることが可能です。

7: ショーケース
https://www.showcase-tv.com/service/#conversion

8:Benchmark
（英語・切替可）
https://www.benchmarkemail.com/

ただ、LPOツールとEFOツールを使って改善を繰り返すだけでよくなるかといえば、そううまくはいきません。実際には改善してもほとんど差が出ないケースも多いですし、テスト時は成果が出てもその後の運用で続かない場合があります。

そこで気をつけてほしいのが、**A/Bテストでなぜそのページが選ばれたのかといった、インサイトを考える**ことです。

以前、幼児向けの英会話教室のランディングページのA/Bテストをしました。元々のコンテンツ(1)とは別に、「親子」「マジメ」パターン(2)と、「子供」「楽しい」パターン(3)を作りました。

・ クリエイティブ効果が最大のものは9件資料請求、最小は4件資料請求
・ 100万円広告予算をかけていたので125万円の広告費用分の効果が期待できる

テスト前、私たちは「案3」の成果が上がると考えていました。こちらのほうが楽しい感じがして魅力的だろうと考えたのです。「案2」は捨て案とまで言っては失礼ですが、成果が上がる印象がありませんでした。

しかし、結果的に成果が上がったのは「案2」でした。「案1」と「案3」は資料請求が4件だったのに対し、「案2」は9件の資料請求がありました。

このとき、「お母さんは成果が上がる」「この色の背景が成果が上がる」という表面上の理解にとどまっていては、本質を見失います。なぜ捨て案だったはずの「案2」で成果が上がったのかを考えなければいけません。

気付いたのは、「幼児向け英会話教室はどこも一緒」だということです。「歌ってルンルン」「お遊戯ランラン」と、どこも楽しく無理なく英語が覚えられることを売りにしています。だから差別化が難しいのです。

その点、「案2」は真面目に学べそうです。「楽しい英語ではなく、ちゃんと学ばせてほしいという親に刺さったのではないか？」という仮説が生まれました。

数年後、この英会話学校のポスターには、幼児向けの学校なのに幼児すら映っていませんでした。英単語が羅列され「当校に入ればこれだけの数の英単語を覚えます」と書いてあります。幼児学習でほかと差別化できる方法を見つけ、「ちゃんと英語を学ばせます」という価値を訴求する方向に進んだのでしょう。

成功する方法は、ウェブサイトにも書籍のなかにもコンサルタントのアドバイスにもありません。自分の経験のなかにあります。セオリーにとらわれず実験して必勝法を見つけていくのが最短の成功方法です。

ここがずるい！

- **簡単に自社サイトの問題点がわかる**
- **ユーザーの実際の答えをもとに検証できる**
- **テストをすることで自社の戦略が明確になる**

マーケッターに聞く「イマドキ・マーケティングリサーチ法」

顧客のニーズを情報として収集できる「マーケティングリサーチ」は、商品開発や事業の拡大、コンサル業など、あらゆる分野の企業のマーケティング戦略で欠かせないものになっています。

ただ、マーケティングリサーチを実践しようとしてウェブ検索をすると、たくさんのツールや委託企業がヒットします。これらを一つひとつ試すには多大な時間と費用が必要になります。効率的に信憑性のあるデータを収集するにはどうすればいいのか。20年以上マーケティング活動支援に携わる、岡部佳美氏にお話を伺いました。

岡部佳美（おかべ・よしみ）

クライアントのマーケティング活動支援に関わり20年以上。2020年に中小企業診断士登録をし、京都を拠点に経営企画も行う。京都府政策企画部地域制作室地域交響プロジェクト専門家、大阪経済大学中小企業・経営研究所企業支援担当特別研究所員も兼任。ほかにもITコーディネータ・上級ウェブ解析士・上級SNSマネージャー・初級ウェブ広告マネージャー・PRプランナー・プロモーショナルマーケター・サステナ経営エキスパート・健康経営アドバイザーなどの資格を保有。

マーケティングリサーチ初心者はプロの手を借りましょう！

マーケティング？　リサーチ⁇　と、これまでまったく未経験の方は、マーケティングリサーチ会社を頼りましょう。

多くのモニターが在籍し、サポート体制も充実している専門会社への依頼は、的確な回答へ導く設問設計と信憑性の高いデータ収集が可能となります。

最近はネットリサーチ（インターネット調査）の仕組みが充実しています。

あらかじめ登録された「モニター（会員）」と呼ばれるアンケート回答者へ、目的に合わせて設問を設定し、メールや専用システムなどWebを利用して設問を配信・回収する仕組みです。

インターネットリサーチは、「訪問調査」や「郵送調査」「電話調査」などの従来からある調査やアンケート手法に比べ、スピーディかつ低コストで自由度が高いことが特徴です。インターネットリサーチにより出されるデータの質は、登録されているパネルの質と、リサーチャーの質に大きく左右されます。大人数かつ信頼性の高いパネルが多く、専門的で経験豊富なリサーチャーが担当すれば、インターネットリサーチの質は高くなります。まずは、リサーチ会社に「予算もあまりなく、納期が短いんですが、何とかなります？」と相談してみましょう！

ネットのセルフアンケートシステムの活用

「比較的簡単な市場調査をしたい」という場合や、「ある程度マーケティングリサーチの経験があるよ」という方にお勧めなのがネットのセルフアンケートシステムを利用する方法です。

その名の通り、「セルフ」で、マーケッター（あなた）自身が実査します。安価で、スピード感のある情報収集をすることができます。「セルフアンケートツール」と検索すると、さまざまな会社が提供するサービスが出てきます。モニター数、料金、特徴、などを確認してみてください。

セルフアンケートシステムには収集されたデータを数値化して調査結果を統計学的に分析する「定量調査」用ツールと、生の言葉やインサイト、行動など数値化できないデータの収集を目的とした「定性調査」用ツールがあります。

超独断！　お勧めセルフアンケートツール2選

■定量調査

株式会社ジャストシステムの定量調査ツール「Fastask[※1]」は、自分で調査票を構築してアンケートフォームに回答してもらうサービスです。法人向けサービスのため、個人事業主の方はクライアント企業に利用登録してもらうのもいいかもしれません。

アンケートの回収状況はリアルタイムで確認が可能で、しかも無料で提供されている集計ツールを使えば、クロス集計なども簡単にできます。私のように統計に苦手意識がある方でも視覚的にわかりやすいプレゼン資料を作成することができます。

さらに、「Fastask」の特徴は日本語のプロフェッショナル集団による調査上の作法やロジックの事前チェックがあるため、安心して調査を実施できることです。「この設問の記載の仕方だとモニターが混同し、正しい回答結果が得られません」「設問の整合性がとれていません」など、的確に設問設計についてのアドバイスをしてくれるのです。

300万人のモニターのなかから条件に合うモニターを抽出する「スクリーニング調査」ののち、「本調査」を希望人数分に対して送信します。単価は、スクリーニング：1万円（税別）/2000サンプル回収、本調査：設問数×回収数×10円（税別）です。最低配信数の設定はありますが、従来型のマーケティングリサーチと比較して非常に安価であることがおわかりいただけると思います。クライアントの方から「何問くらいが適切なの？」と聞かれることがありますが、個人的には本調査の設問数は15問以内に抑えておくのが無難かな、と感じています。集中して回答してほしいですものね。

1:Fastask
https://www.fast-ask.com/

■定性調査

次にご紹介するのは、株式会社プロダクトフォースのサービス「uniiリサーチ[※2]」です。事業開発に必要なインサイト収集や、UI/UXリサーチに活用いただけるインタビューサービスです。任意のインタビュー対象者に対して、「Zoom」「Google Meet」「Microsoft Teams」を使ったオンラインインタビューが本当に手軽に実現できます。

オンラインでマッチングするからこそ、募集から最短当日のインタビュー実施が可能で、クイックなモニターインサイトの収集ができます。インタビュー実施ごとの課金のため、参加モニターが集まらなかった場合の費用発生リスクがないのもうれしいポイントです。

インタビューの設定で大変なのが日程の調整です。キャンセルや日程変更があった場合を含め、簡単なボタン操作で煩雑な日程調整業務から解放されるのがありがたいです。

ネットリサーチの場合はリアルの場合と比較して、匿名性があるがゆえ、こちらが聞きたい対象属性への信頼性に欠けることもあるでしょう。「本当に条件に合致している人なのかな？」と不安を抱えながらインタビューに臨むのは嫌なものです。

「uniiリサーチ」の場合、4問の事前設問で対象モニターのスクリーニングが可能なので、より対象のペルソナに近いモニターへのアプローチが実現できます。

具体的には以下のような事前設問を投げ掛けることができます。

「英会話のオンラインレッスン利用経験者にインタビューしたい」というタイトルに、応募条件、NG条件を付与します。さらに「1、英会話学習をしているサービス名を教えて　2、サービス利用期間を教えて　3、レッスンの平均的な利用頻度を教えて　4、普段英語利用するのはどのようなシーンか」、これらに回答の上応募したモニターから、最適な回答者を選べるのです。「ハズレ

2:unii リサーチ
https://unii-research.com/

だったなあ」という確率が随分減りますよね。

インタビューの最低金額は3500円～/30分で自由に設定することができます。支払金額の内70%がインタビュー対象者が受け取る謝礼（交換先を選べるデジタルギフト「デジコ」での受け取りです）となっています。条件に合うインタビュー対象者が見つからなかった場合は、条件を変更（謝礼金額を1000円上乗せする、「男性のみ」から男女問わずにする、など）して再募集することも容易です。募集段階ではモニターに会社名や個人名などを伝える必要はなく、インタビュー実施希望の連絡をするときに初めて情報開示、となります。

自らモニター登録して情報収集するのも有効

リサーチを実施するお話をしてきましたが、逆の立場で、セルフアンケートシステムのモニターに登録し、回答者として実際にマーケティングリサーチを体験することもお勧めです。回答するのに最適な設問数や設問の長さ、それに対する対価やポイントの交換システムの確認をすることができます。

例えば、定量調査で自由解答欄のある設問が全15問中、10問あったりすると、うんざりしてしまって、「回答途中でやめてしまおうかな」という気になったりしますよね。あまり関心のない商材・サービスについての問いに対して、「どちらでもない」という選択肢があると、ほぼその選択肢に集中してしまうようなこともあるでしょう。

自身で体感し、設問設計の良し悪しを見極めてみましょう。いま、調査されている事柄はどういう内容が多いのか、新規ビジネスを考えている人はこういうことを聞きたいのかなど、他企業や事業者のリサーチ動向をリアルタイムで把握することができます。

各ツールのアンケート回答対価はポイントで提供されることが多いのですが、上記のFastaskやuniiリサーチで貯まったポイントは日本最大級のポイント交換サイト「PeX」を通じて商品・電子マネー・マインレージ・現金などに交換することができます。マーケティングリサーチの勉強をしながら、いつの間にか“ポイ活”にもなっているなんて楽しいですよね。私はnanacoポイントに交換しています。

セルフアンケートツールを含め、ネットリサーチの簡便性や利便性のメリットをうまく活かし、時間と費用の節約をしながらデータの効率的な収集と整理で「楽」しながら、「楽」しくマーケティングリサーチを行っていきましょう。

第9章

「人」から情報を集める

ずるい検索 57

匿名のコミュニティを活用する

本書では、ここまで主にネット上での検索について考えました。もちろんそれも重要なスキルですが、生きた情報を知るためのもう1つの有効な方法は、「人」に聞くことです。最終章は、人から情報を探ることについて考えます。

こんなときに役立つ！

- 個人の悩みを相談したいとき
- 個人のリアルな悩みやニーズを知りたいとき
- 忖度のない意見を知りたいとき

……Yahoo!知恵袋で質問に答える

検索だけでは調べられない情報を知るために、**「Yahoo!知恵袋※1」**（無料）や**「Quora※2」**（無料）といった、匿名で質問・回答をするサービスを使う方法があります。正しい情報ではない場合もありますが、匿名だからこそ詳しくその立場の人の気持ちや悩みを知ることができる大事な情報源になります。

まず、これらのコミュニティの投稿を見ることで、**その世代、性別など立場によって異なる、悩んでいる課題や葛藤を知ることができます**。商品やサービスを企画するときに、その世代の人の持つ考えや悩みを知る上で大変参考になります。

例えばYahoo!知恵袋で「退職」と検索すると、退職金の相場や退職届の書き方など、多くの悩みを知ることができます。大事なことほど周りに相談しにくく、匿名のコミュニティに相談することが多いのです。

1:Yahoo! 知恵袋
https://chiebukuro.yahoo.co.jp/

2:Quora
https://jp.quora.com/

また「Quora」はグローバルなコミュニティで、社会的な矛盾や課題、噂などについてたくさんの質問が投稿されています。世の中のニュースや噂などについて、適切な考え方を知るためにも役に立ちます。

これらのコミュニティは自分からも投稿できます。自分が起業するとき、サービスを立ち上げるときといった状況でもいろいろな意見を聞くことに役立ちますし、先ほどの例と同様、周囲には聞きにくいときにも役に立ちます。

そして、**最も効果的なのは、これらのコミュニティの投稿に回答をすること**です。

「ベストアンサー」に選ばれるためには、限られた質問文から背景や悩みの本質を推測し、その人が納得できる答えを出すことが求められます。それはまさにマーケティングそのものです。何かのサービスや商品をつくるときには誰かの悩みや葛藤を解決するような説明ができることが求められます。

ぜひ人間関係の悩みに回答することにチャレンジしてください。それによっていろいろな世代、環境の人の気持ちを理解することができます。これからはプログラミングやデータサイエンスより、このような人の気持ちを汲み取れるスキルが大事になってくるでしょう。

Wikipediaで情報を書いてもらう

匿名のコミュニティでの情報収集としてもう1つ。Wikipediaを有効に活用しましょう。

ウェブ上で検索するとかなりの確率で上位に掲載されるのはWikipediaです。ソーシャルメディアでも引用されますし、AIチャットシステムなどでも参考にされています。

Wikipediaの記事は、誰でも編集することができるのはご存じでしょうか。

自分で情報を掲載することで、たくさんのユーザーがその事柄に関する別の情報を加えてくれたり、間違った情報、曖昧な情報を指摘してくれたりします。

まずはWikipediaでアカウントを作って原稿を作成しましょう。ただし、作成にはさまざまなルールがあるので、チュートリアルは必ず読んでください。

Wikipediaのルールに沿って書くことは決して容易ではありませんが、Wikipediaは検索で上位に表示される可能性も高くなっています。

もちろん、辞書としての役割のウェブサイトですので誇張や偽りは禁物です。あくまで読者にとって正しい情報を誰にとってもわかりやすく客観的に伝えるという視点を持って作成しましょう。

ここがずるい！

- **普通には聞けないリアルなニーズを知ることができる**
- **人に貢献しながら情報を得られる**
- **自分から動かなくても情報を教えてもらえる**

コンテンツマーケターに聞く「クリエイティブな発想を鍛える方法」

ウェブ上でのビジネスが主流になっている現在、自社サービスのブランド力の向上や認知度アップ、集客増加のためにはSEOが必須です。そのためには、新しい情報やトレンドをいち早く取り入れ、知識をアップデートしていくことが重要です。それに、検索上位に上がる記事を作るためには、テクニカルな知識だけではなく、クリエイティブな発想が必要です。

発想の枠を広げる情報収集法について、ウェブマーケティング支援企業ウェブライダーの創立者である松尾茂起氏にお話を伺いました。

松尾茂起（まつお・しげおき）

関西学院大学 経済学部を卒業後、音楽系の制作会社に勤務した後、2010年にWebマーケティング支援企業「株式会社ウェブライダー」を設立。これまでにプロデュースした主なコンテンツは『沈黙のWebマーケティング』『沈黙のWebライティング』、メディアには「美味しいワイン」「素敵なギフト」など。

受動的に情報収集できるようにする

リサーチをする上で、先入観は自由な発想の邪魔をします。「世の中の人をわかったつもりにならない」ということを前提にして情報収集をしていきましょう。その先に自分の知らない情報が必ずあります。

ただ、ウェブ上の情報は膨大です。最新のニュースやトレンドをすべてチェックしようと思うと、それだけで1日数時間を費やしてしまいます。効率的な情報収集をするには、自分で検索ワードを入力して情報を見つけにいくのではなく「受動的」に情報を集める仕組みをつくりましょう。

例えば、RSSリーダーを使用すると、登録した複数のウェブサイトの更新情報の確認が容易になります（「ずるい検索09」参照）。さらに自分の必要な情報に絞って見ていくことで、情報収集に要する時間はわずかで済みます。RSSリーダーをブラウザのホーム画面に設定しておけば、ホーム画面自体が情報源になり、ブラウザを立ち上げるたびに「受動的」な情報収集が可能となります。

検索トップ記事を作るために必要な力は

「SEO」というと、どうしてもテクニカルな情報ばかりを集めてしまいがちです。しかし、それだけでは、なかなか結果が出ないと悩まれる方も多いのではないでしょうか。

検索エンジンで上位表示される記事を作るには、観察力、想像力、コミュニケーション力、表現力などを用いて、クリエイティブに発想することも必要です。記事の内容ごとに、読む人の感情やニーズを意識し、その情報を求めている人に向けて記事を書くことで、その人と記事との間に価値を共創できます。そのためには、リサーチをする上で人の感情に触れていくという体験を重ねる必要があります。

お勧めの方法は、「Yahoo!知恵袋[※1]」（無料）に投稿されているさまざまな悩みに回答し、ベストアンサーに選ばれるのを目指すことです。

「Yahoo!知恵袋」には投稿者の本音に近い悩みが集まっています。ワンオンワンで相手に最適化した情報を提供し続けることで、人に寄り添える言葉や表現とは何かが見えてきます。

ポイントとしては、「Yahoo!知恵袋」を見るときはパソコンではなくスマホで見ることです。「Yahoo!知恵袋」にはスマホアプリがあり、スマホ経由で利用するユーザーが多いです。できるだけユーザーと同じ環境を意識しながら、ユーザーの気持ちに寄り添うことが大切です。

1:Yahoo! 知恵袋
https://chiebukuro.yahoo.co.jp/

クリエイティブの先には必ず人がいます。SEOやマーケティングの現場で培うクリエイティブな発想力は、商談時や会社内でのコミュニケーションなどあらゆる場面で役に立ちます。また、クリエイティブには感情が宿ります。人の感情と向き合い続けることで、人の心を動かすヒントが得られるでしょう。

ずるい検索 58

ソーシャルメディアで人から情報を集める

人から情報を得るためには､ソーシャルメディアを活用するのが効果的です。仕事やプライベートで人と会うとき、名刺交換や電話番号の代わりにソーシャルメディアのアカウントを交換しましょう。

こんなときに役立つ！

- 地位や実績のある人から学びたいとき
- 専門的な内容を深く聞きたいとき
- リアルな人の意見を聞きたいとき

ソーシャルメディアでの人脈を築く

交流のためのソーシャルメディアとしては、Twitter、Facebook、Instagram。**できればLinkedInがあるといい**でしょう。LinkedInは欧米でよく使われていて、Facebookよりビジネスの交流では一般的です。近年では、日本のビジネスパーソンのなかにもメインのビジネスツールとして使う人が増えてきました。

また、メッセンジャーツールも併せて使います。Facebookメッセンジャーや各ソーシャルメディアのメッセージ機能もありますが、多くの日本人にとってはLINEのほうが一般的でしょう。

海外の人とのやり取りであれば「WhatsApp※1」（無料）があると便利でしょう。携帯電話の番号があればアカウントをつくることのできるメッセンジャー

1:WhatsApp
https://www.whatsapp.com/?lang=ja

ツールです。**テクノロジーに詳しい人は、暗号化技術で優れた「Telegram[※2]」（無料。有料のプレミアムプランあり）を好みます**。人に合わせた連絡手段を使えるようになりましょう。

人と繋がる上での注意点

ソーシャルメディアで専門家や著名な人と繋がって話を聞くことができれば、貴重な情報が集まります。しかし、ソーシャルメディアで繋がっている程度の人からいきなりお願いされても、迷惑がられるだけです。当然ながら質問に答えてもらえるだけの人間関係をつくる必要があります。

ソーシャルメディアなどインターネット上のネットワークで人間関係を構築するには、注意したい点があります。

まず、繋がりを持ちたい人を定義します。グループを特定し、彼らの興味、動機、コミュニケーションの嗜好を理解しましょう。**そのトーンやマナーを理解しなければ関係性を構築できません**。

会社の同僚と楽しく話しているときに、誰かわからない人が入ってきて、質問をしてきたら、楽しい会話を中断されてしまいます。まずは必ず新参者だという自覚を持って、コミュニティの邪魔にならないように参加しましょう。

そして、リアルでも、コミュニケーションの基本は聴くことであると言われる通り、ソーシャルメディアでも聞き役に回りましょう。友達になった人やフォローした人の投稿内容で、**気に入ったことや役に立ったことがあれば「いいね！」をします。ポジティブなコメントをする**のもいいでしょう。

ソーシャルメディアで何を発信しようかと悩む人がいますが、流れてくる情報に反応していくのであれば、それほどネタに悩む必要はありません。

ただ無理にしてはいけません。リアルなコミュニケーション同様、無理やりであれば相手も変だなと気付きます。

2:Telegram
（英語）
https://telegram.org/

…… 自分から貢献する意識を持つ

オンライン上でプレゼンスを持たせるためには、貢献する姿勢が重要です。聞く姿勢を持ちながら、相手にとって役立つ情報やサービスを紹介するのもいいでしょう。

ソーシャルメディアでの発信の基本は、「これを発信したら周りの人に役立つかな？」「この面白い気持ちやストーリーを伝えたら共感してくれるかな？」というポジティブな気持ちからの発信です。

もちろん、身の回りの出来事を紹介するのもいいでしょう。ただし、自分の行動の素晴らしさやうまくいったことを伝える投稿では、承認欲求を満たすために発信しているのだと感じ取られてしまいます。

それよりも、失敗談や自分の弱いところを見せるほうが、共感を得やすいでしょう。

反応してくれた人がいれば、その人のアカウントも見て、興味があることにリアクションしてみましょう。そのようなかたちで継続的に繋がると、実際には会わなくても身近に感じてもらえます。

相手にとって有用な情報を伝え、自分への共感を得ておく。すると何かを尋ねたときに、相手は積極的に答えてくれるようになります。

くれぐれもやめておきたいのは、ストレスの発散です。イライラしたことを発信すれば、そのことに共感する人がいるかもしれませんが、より多くの人が恐怖や怒りを覚えます。ネガティブなことばかりを言う人と関わりたいとは思わないでしょう。

さらに、一部の共感者は「この人にはストレスをぶつけてもいい」と、ネガティブな意見を発信し始めます。次第に自分の画面はネガティブな言葉や意見によって覆い尽くされてしまいます。

恐ろしいことに、**自分の意見に共感するネガティブな意見で埋め尽くされた**

ソーシャルメディアを見て、それが世界だ、それが正論だ、それ以外は間違っている、などと思ってしまう人もいます。

私の友人にトルコ在住の20代女性がいます。実際に会ったことはなく、匿名での繋がりです。私がトルコのソーシャルメディア、「エクシ・ソズリュック」についてブログに書いたことがきっかけで知り合いました。

彼女とのやり取りを通して、中東から見た欧米諸国の見え方がわかり、私の視野は広がりました。匿名の友人が広くいることで、収集できる情報も大きくなります。

ここがずるい！

- **人間関係を築きながら情報を得られる**
- **普通なら会えないような人の話も聞ける**
- **「挨拶」から人間関係の構築を始める**

起業家に聞く「経験のないビジネスのための情報収集」

働き方が多様化している現代で、転職や起業を考える方も多いのではないでしょうか。いままで携わってきた業種や職種からまったく経験したことのないビジネスへの挑戦は、興味があってもハードルが高く感じてしまうものです。

小尾勝吉氏は、2011年に発生した東日本大震災をきっかけに、異業種から福祉業界に飛び込み、震災後の復興に大きく貢献されました。そして、その経験をもとに起業し、成功を果たしています。未経験のビジネスに取り組むためにはどんなことが必要か。お話を伺いました。

小尾勝吉（おび・かつよし）

グロービス経営大学院大学卒業。東日本大震災後、縁もゆかりもない東北でのボランティアを通じて宮城県に移住し、KIBOW投資第1号、東北大学RIPS塾にてベストイノベーション賞受賞を経て、2017年共生型複合施設「愛さんさんビレッジ」を開所。株式会社化後、有料老人ホームなどを含む「愛さんさんグループ」を運営する愛さんさんビレッジ株式会社代表取締役を現在も務める。

情報収集で発展するビジネス像

世の中のニーズを知るということは、ビジネスにおいて重要です。そのニーズに答えることでビジネスは発展させることができます。

私は被災地にお弁当を届ける活動のなかで、被災者からたくさんのお話を聞き、そのニーズをベースに事業を発展させています。

お話を聞くなかで、震災後の介護医療の現場で問題とされる人手不足に始まり、家でも病院でも亡くなることができないという社会課題や、病院の7割が赤字であるという事実(出典:3病協の21・22年度病院経営調査)、障がい者の雇用問題などが明確化されました。

こうした本質的なニーズに応えたいという思いから、老人ホームやリハビリ施設の経営へと発展させることができました。被災地で働くことの難しい障がい者の雇用と介護医療の現場の人手不足をリンクさせ、医療現場での障がい者雇用に積極的に取り組んだ結果、現在では100名もの障がい者の方を雇用しています。

まったく未経験の業界で活躍するための情報収集

いままでの仕事とまったく別の業界で活躍するには、その業界の膨大な知識が必要になります。その知識は主に「人からの情報収集」「書籍からの情報収集」で得られます。

「人からの情報収集」では、業界の第一人者の話を聞きます。また、自分と同じ業界の「真逆の考え」を持つ人と意識的に対話をすると、より多くの知識を得られます。

そのためには、「知人を紹介される人間関係」を構築しなければいけません。私はソーシャルメディアで一貫して自分の考えを発信し続けることを意識しています。そうして自分をブランディングすることで、人間関係の門が開かれるのだと思います。

会社の施策を決定する際に必要な専門的な情報は、書籍を読むことで収集します。法律関係や福祉関係の本は難しい内容のものが多く、そのなかで効率よく知識を得るために工夫しているポイントがあります。

まず、ベストセラーや有名な本ではなく、アカデミックで取り上げられている本を読むことで物事の基本を知ることができます。

こうして基礎的な知識が身に付いてから最新の知識を得ると、難しい内容でも容易に理解できるようになります。

最新の知識は、その業界のキーパーソンの出版している本を読むことで、その分野のトレンドを把握することができます。

例えば、内閣府や厚労省で行われる法律改正のための審議会などに出ている方などは信憑性の高い最新の情報を発信していることが多く、今後のビジネスの指標にもなります。

また、業界の第一人者の話をFacebook、Instagramなどのソーシャルメディアから得て、話題のキモを押さえた上で読むことで、より効率的に知識として情報収集が可能です。

さて、「情報収集」というと、このように書籍やネットに頼りがちですが、やはりそれだけでは偏ってしまうでしょう。

安宅和人氏（慶應義塾大学環境情報学部教授、ヤフー株式会社CSO等）の言葉に「あまりに情報収集し過ぎて学び過ぎると馬鹿になる」というものがあります。イノベーションのジレンマや評論家思考のみに陥らないよう、実際に事業を行うなかで得られる手触り感のあるリアルな声（課題）に耳を傾ける。そして、これからも目的（理念）を遂げられるよう、チームで心を尽くして進んでいきたいです。

ずるい検索 59

検索“される”ことで人間関係をつくる

「ずるい検索58」では、自分から他人にアプローチして人間関係を築く方法についてお話ししました。ということは、逆の立場に立てば相手から繋がってくれるようになります。つまり、誰かから検索されるようになればいいのです。

こんなときに役立つ！

- より広い人脈を築きたいとき
- 受動的に情報を提供してもらいたいとき
- ネット上でのセルフブランディングをしたいとき

まずは自分を知ってもらう

他人から繋がってもらうためには、まず「検索してもらう」状態を整えることが大切です。コミュニティに入りツイートやコメント欄で仲よくなったとしても、魅力的な人物に見えなければ人脈として繋がることはできません。

まずは**自分の繋がりたい分野や話題に関連したハッシュタグと、それに関連した内容をソーシャルメディアに投稿する**ことで、同じ分野や話題に興味がある人のコミュニティに入ることができます。

また、**ソーシャルメディアのプロフィールにブログやポートフォリオなどのリンクを付けて検索してもらう**ことも自分を知ってもらうためには効果的でしょう。

……　セルフブランディングに役立つツール

さらに、自分を魅力的に見せるためにはブランディングも重要です。

発信する言葉や写真に統一感を持たせたり、ウェブサイトのデザインを統一したりするのも自分をブランディングする方法の1つです。

ソーシャルメディアの情報はいつ消えるかわかりません。自分の将来やりたいことや趣味などが、仲よくしたい人々に対して、パッと見てわかる自己紹介のサイトがあっても損はありません。

しかし、ブログやポートフォリオなどウェブサイトを作るのはドメインを取ったりデザインを考えたりと、とても難しそうに感じてしまいます。

以下でご紹介するツールを使用すれば、テンプレートを使って簡単にデザイン性のあるウェブサイトを作ることができます。

■ Canva※1

たくさんのテンプレートやフリー素材から簡単に自分のサイトや履歴書、プレゼン資料、名刺、オリジナルロゴがデザイン可能です。無料プランでも十分活用できます（一部制限あり）。

■ ペライチ※2

テンプレートに合わせて簡単にホームページを作れます。ワードより簡単です。有料・無料プランがあり、無料プランでも活用可能ですが、機能が限られます。

■ Google Site※3

Googleの提供する無料のウェブサイト構築ツールです。Chromeの検索ウィンドウに「site.new」と打ち込むと検索結果に表示されます。そこに進むだけで新しいウェブサイトのテンプレートが出現します。細かなデザイン変更はで

1:Canva
https://www.canva.com/ja_jp/

2: ペライチ
https://peraichi.com/

3:Google Site
https://sites.google.com/new?hl=ja&tgif=d

きませんが、感覚的に操作できて使いやすいサイトです。

無料で使えますが、ドメインを取るためには別途費用が必要です。ただ、費用面や使い勝手の部分から、個人的にはあまりお勧めしません。ドメインを取得するなら世界中のドメインが取れて値段もお手頃な「Gonbei Domain※4」をお勧めします。

■ Wix※5

初心者でも比較的操作しやすいサイトです。無料プランもありますが、有料プランでは登録済みのドメインを接続できるほか、容量や使える機能が増えます。

■ Jimdo※6

Google Siteと同様、複数ページを簡単に作れる機能も魅力的ですが、Facebookなどのソーシャルメディアの情報から、AIが半自動的にホームページを作ってくれる機能があります。無料プランもありますが、独自ドメインの設定ができないなどの制限があります。

ここがずるい！

- **相手から繋がってくれるようになる**
- **ネット上での自分を演出できる**
- **自分の意見に発信力を持てるようになる**

4:Gonbei Domain
https://www.gonbei.jp/

5:Wix
https://ja.wix.com/

6:Jimdo
https://www.jimdo.com/jp/

ずるい検索 60

オフラインで会って情報を集める

ビジネスをする上で人脈のもたらす利益は絶大です。ビジネスの新しい発想をもたらしたり、今後のキャリアに繋がったりすることもあります。何よりも役立つリアルな「人」から直接情報を集めましょう。

こんなときに役立つ！

- オンラインの知人と関係性を深めたいとき
- リアルな人脈を築きたいとき
- 新しいコミュニティに入りたいとき

ダイレクトメッセージで関係を深める

オンラインでの関係性ができたら、ダイレクトメッセージを送ってみましょう。相手の発信を見て詳しく話を聞きたいと感じたり、自分の発信に興味深いレスポンスがあったりする、あるいは個人的に伝えたいことがあれば、そのタイミングです。

投稿の感想を伝えてもいいし、投稿内容をより有用にする情報の提供や、もし気をつけるべきことがあればアドバイスをしてもいいでしょう。

「この人のためになることをするなら、こういうことを伝えたら役立つだろう」という視点での発信であれば、批判や指摘もいいでしょう。

私の場合、先日投稿したブログで「検索演算子」を「検索拡張子」と誤って記述したことを、DMでご指摘いただきました。このような指摘であれば感謝されます。

気をつけたいのは、**「自分と考えが違う」「自分に合わせよう」というメッセー**

ジは何も変えることができないということです。そればかりか、関係を悪化させる原因になります。

ソーシャルメディアで関係性ができたらオフラインで会う

関係性を構築できたら、オフラインで招待してみましょう。ご飯を食べる、同業のイベントに参加する、ふとその地域に行く、なんでもOKです。

私はウェブ解析士協会という団体とは別に羊齧協会という団体の幹部もしていまして、よくラムやマトンを食べるイベントを企画をします。そんなときに「もっと仲よくなりたい」人を誘うのです。

お勧めはそのイベントや食事するお店の紹介ブログを書いておくことです。お誘いのメッセージは簡潔でありたいものです。自分の思いや面白いと思うポイントを自分の言葉で伝えると、誘いに乗ってくれる可能性が高まります。

リアルで人に会うことは、言葉や映像以上に多くのものを得ることができます。すでに関係のある人はもちろん、積極的に交流の場を広げましょう。少し腰が重く感じる人も、やってみればきっと楽しいはずです。

ビジネス特化のマッチングツール

ビジネスで人脈を広げたいという目的が明確であれば、「ビジネスに特化したマッチングツール」を効率よく活用するのもいいのではないでしょうか。いくつかご紹介していきます。

■ Yenta※1

利用者が多く、まったく違う職種の人と関わることができます。AIが毎日ビジネスパーソンをレコメンドしてくれます。有料プランがありますが、無料でも利用可能です。

1:Yenta
https://page.yenta-app.com/

■ビズリーチ・キャンバス※2

こちらは学生向けの就活用サービスです。母校のOB・OGと繋がり、オンラインで話ができます。また、気になる企業に勤めている先輩の話を聞くこともできます。学生、OB・OGは無料で使用可能です。

■つなげーと※3

さまざまなイベントやサークルを知ることのできるマッチングサービスです。ゴルフやテニス、アウトドアなど、同じ趣味の友人をつくることで思わぬビジネスの話が生まれることもあるでしょう。オンライン、オフラインを問わず交流することができます。基本は無料で利用が可能ですが、コミュニティによっては参加申し込み時に利用料が必要になることもあります。

また、クリエイター（サークル管理人）用の有料プランが用意されており、検索上位表示や、ページビュー統計画面の閲覧が可能です。

……コミュニティの中での信頼を得る

このようなかたちで、知り合った人たちと連絡を取り合い、彼らの仕事や業績をフォローし、有意義な関わりを持ち続けましょう。

大事なのは、信頼を築くことです。誠実で透明性のある行動を心掛け、約束はきちんと守りましょう。**肩書きや年齢といった関係が影響しないオンラインでの関係だからこそ、リアルな社会生活以上に誠実さが大事**になります。

私は世界的な経営者のコミュニティ EOや、WAOJEという海外で活躍する日本人経営者の会に所属して、さまざまな経営者や専門家の生き方、考え方に触れてきました。また、私が持つデジタルマーケティングやデータ分析のノウハウは、世界で活躍する日本人経営者にとって貴重なものであることがわかりました。

2: ビズリーチ・キャンバス
https://br-campus.jp/

3: つなげーと
https://tunagate.com/

自分の世界を広げ、周りの視界も広げる。そうしてお互いが成長するような関わりをつくりましょう。

インターネットで検索できる情報は、すべて誰かの意図に基づいて発信された情報です。その情報源にリアルに触れたとき、違う価値を持った情報になる可能性もあります。現地に行く、そのものにダイレクトに触れること以上に有用性が高く、信憑性の高い情報源はありません。まだ知らない何かを知りに旅に出ることで、自分の情報検索力を最強にしましょう。

ここがずるい！

- **コミュニティのなかで楽しく情報を得られる**
- **オンラインでは聞けないことを聞ける**
- **何よりも役立つ本音の情報が手に入る**

……あとがき

「検索」に関する書籍の打診をいただいたとき、「私に書けるだろうか？」と思いました。私は情報やデジタルを扱う仕事をしているものの、検索の専門家ではありません。

しかし、「では誰が書けるだろう？」と考えると、優れた検索の技術は持った人はたくさんいますが、すべてを知っている人は思い浮かびませんでした。

一方で、情報を探す技術は誰にとっても必要不可欠です。それでもその分野について決定的な本がないのは、誰もが検索する技術について確固たる自信を持てない、我流での検索になっているからだと思いました。

それであれば、「誰かが先駆者となって検索の上手な方法をまとめることは価値があるかもしれない」「たとえこの本が不十分でも、その後で補ってくれる人がいれば、一歩を踏み出す価値はある」。そう思い、引き受けました。

当初は「Googleに言葉を入れるだけが検索じゃないよ」「ソーシャルメディアなどさまざまな検索方法を試そうね」「人間関係も情報検索に活用しましょうね」という趣旨で書き始めました。

しかし、そこで風向きが変わります。ChatGPTが代表するように、チャットに質問することで、AIが驚くスピードと内容で返してくる時代が到来したのです。

これは絶好のチャンスであり、絶体絶命のリスクでもありました。

Googleに単語を入れる検索方法から大転換、「調べる」ということについて書籍で知りたい人が増えるだろう、というチャンスが思い浮かびます。一方で、検索するという行為そのものが不要になるかもしれないというリスクがあります。

ChatGPTに質問することをプロンプトと言います。適切な条件を付与することでAIが望む情報を出力する前提条件（プロンプト）の立て方が重要だ、といわれるようになりました。検索のテクニックより日本語で丁寧に前提やターゲットをプロンプトに入れることが大事になったのです。

書籍の内容にも、ChatGPTなどのAIソリューションを加えるべきでは、と思いました。実際いくつかのテクニックを紹介しています。しかし、AIの変化を現在進行形で追いかけると、いつまで経っても書籍になりません。

それに、ChatGPTを使って検索を楽にすることは、実は容易ではありませんでした。求める答えを得られないことも多く、しかも創作や錯誤もあり、間違いであることも少なくありません（少なくとも現時点では）。AIは人を補完する技術であり、使う人を超える技術ではないということが明らかになったとも言えます。

これはAIの能力の問題ではなく、使う人の問題です。満足できる答えを出すために、AIは私たちの範囲を超える答えを出しません。

りんごが木から落ちる理由を、中学生に聞いたら重力を説明しますが、高校生は引力を説明します。相対性理論を知っている人であれば、重力が時間を歪める話をします。超ひも理論に詳しい人であれば、十二次元の紐の振動に話が及ぶかもしれません。

私たちがAIから価値のある答えを引き出すためには、必要な知識を身に付け、理解していることが求められます。知識や理解が欠けている状態では、適切なプロンプトも書けませんし、偶然答えが上がってきてもその答えが正しいかどうか判断することができません。

だから私たちは知る必要があります。どんな問いを立てるか知るために、この本が役に立てば幸いです。この本は解説本ではなく、知るためのきっかけを作る本です。

さて、本書の制作に当たっては、たくさんの方から本当にありがたいご協力をいただきました。執筆のヒントや掲載内容のご確認をいただいた、早坂恭子様、田中啓子様、笹川純一様、奥啓徳様、植村礼大様、福岡浩二様、下岡聡子様、中村泰輔様、杉山健一郎様。心より感謝します。そして、妻の貴子と子供たち、櫂馬、紫野、湖都にも深い感謝を伝えたいです。こんな仕事と研究ばっかりのお父さんなのに、とても居心地のいい、暖かい家庭をありがとう。かけがえのない方々の支えがあって、私はこの本を書くことができました。

最後に、ここまで読んでいただいた読者のみなさんへ。

テクノロジーは日々進化しています。いずれ、より便利な手法やツールが開発されるでしょう。この書籍のポータルサイトでは、そうした情報を発信していきます。疑問やご意見などあれば、こちらまでご連絡ください。

https://bizsearch.waca.world/

2023年5月　江尻俊章

［著者略歴］
江尻俊章（えじり・としあき）
日本で最も早くからウェブ解析コンサルティングを行い、大学との産学共同研究を元にウェブ解析ツール「アクセス刑事（デカ）」や「シビラ」を開発。ウェブサイト解析に留まらずビジネスの改善を目的としたデータ分析を得意とし、業績急拡大の事例を豊富に持つ。ウェブは品質管理のような改善サイクル（PDCAサイクル＝環（かん））が必須と唱え、2000年に株式会社環を創業。2012年、一般社団法人ウェブ解析士協会（WACA）代表理事就任。同協会は会員数1万4000人、受講者数4万人を超え、世界最大のウェブ解析認定資格となっている。2013年、株式会社環がソフトバンク・テクノロジー株式会社と業務資本提携。現在、WACAの理事、産業能率大学客員講師、Kirirom Institute of TechnologyのGuest Professor、情報価値研究所株式会社代表取締役社長、誠信商事株式会社代表取締役会長として活動している。モットーは「誰もがチャンスをつかめる社会を創る」。地方中小企業活性化を人生のテーマに据えている。福島県いわき市生まれ。著書に『繁盛するWebの秘訣「ウェブ解析入門」Web担当者が知っておくべきKPIの活用と実践』（技術評論社）など多数。

ずるい検索（けんさく）
賢（かしこ）い人（ひと）は、「調（しら）べ方（かた）」で差（さ）を付（つ）ける

2023年7月1日　初版発行
2024年3月13日　第6刷発行

著　者　江尻俊章

発行者　小早川幸一郎

発　行　株式会社クロスメディア・パブリッシング
〒151-0051 東京都渋谷区千駄ヶ谷4-20-3 東栄神宮外苑ビル
https://www.cm-publishing.co.jp
◎本の内容に関するお問い合わせ先：TEL（03）5413-3140／FAX（03）5413-3141

発　売　株式会社インプレス
〒101-0051 東京都千代田区神田神保町一丁目105番地
◎乱丁本・落丁本などのお問い合わせ先：FAX（03）6837-5023
service@impress.co.jp
※古書店で購入されたものについてはお取り替えできません

印刷・製本　株式会社シナノ

ISBN978-4-295-40845-1　C2034